初心永恒

江苏四种革命精神简明读本

江苏省档案馆 中共江苏省委党史工作办公室 编

江苏人民出版社

图书在版编目（CIP）数据

初心永恒：江苏四种革命精神简明读本 / 江苏省档案馆，中共江苏省委党史工作办公室编. -- 南京：江苏人民出版社，2019.7

ISBN 978-7-214-23819-1

Ⅰ. ①初… Ⅱ. ①江… ②中… Ⅲ. ①革命传统教育－江苏－干部教育－学习参考资料 Ⅳ. ①D642

中国版本图书馆CIP数据核字（2019）第148900号

书　　名	初心永恒——江苏四种革命精神简明读本
编　　者	江苏省档案馆　中共江苏省委党史工作办公室
策划编辑	戴宁宁
责任编辑	戴宁宁　李晓爽
装帧设计	陈　婕
出版发行	江苏人民出版社
出版社地址	南京市湖南路 1 号 A 楼，邮编：210009
出版社网址	http://www.jspph.com
排　　版	江苏凤凰制版有限公司
印　　刷	南京新洲印刷有限公司
开　　本	652 毫米 ×960 毫米　1/16
印　　张	15.5
字　　数	188 千字
版　　次	2019 年 7 月第 1 版　2019 年 7 月第 1 次印刷
书　　号	ISBN 978-7-214-23819-1
定　　价	42.00 元

（江苏人民出版社图书凡印装错误可向承印厂调换）

总策划

樊金龙

策　划

谢　波　张亚青　陈向阳　邢光龙

领导小组成员

赵　深　万建清　陈万田　吴逵隆　孙　敏　杨中华

编写组成员

薛春刚　田艳丽　聂红琴　周云峰　朱梅燕　张俊梅

朱芳芳　陈　旺

目 录

引　言 …… 001

周恩来精神 …… 007

一、"周恩来精神"的提出过程 …… 009

二、周恩来精神的重要意义 …… 011

三、周恩来精神的丰富内涵 …… 013

四、周恩来精神的时代价值 …… 019

【延伸阅读】 …… 024

雨花英烈精神 …… 057

一、雨花英烈精神的孕育 …… 059

二、雨花英烈精神的内涵 …… 062

三、传承和弘扬雨花英烈精神 …… 079

【延伸阅读】 …… 082

新四军铁军精神 …… 113

一、铁军的历史发展 …… 115

二、新四军铁军精神的内涵 …… 120

三、传承是最好的纪念 …… 134

【延伸阅读】 …… 138

淮海战役精神 …… 177

一、淮海战役精神的形成 …… 179

二、淮海战役精神的基本内涵 …… 182

三、淮海战役精神的现实意义 …… 187

【延伸阅读】 …… 191

后　记 …… 236

引　言

弘扬四种革命精神，不忘初心、牢记使命，为谱写中国梦的江苏篇章而努力奋斗

习近平总书记在党的十九大报告中指出：“中国共产党人的初心和使命，就是为中国人民谋幸福，为中华民族谋复兴。”在新的形势下坚定理想信念，“不忘初心、牢记使命”，对于我们实现“两个一百年”奋斗目标、实现中华民族伟大复兴的中国梦，具有十分重要的意义。

一、不忘初心、牢记使命，是中国共产党人的根本宗旨和不变信念

党从成立之日起，就把全心全意为人民服务作为自己的最高原则，从未改变过。革命战争年代，毛泽东同志高度赞扬一个普通战士张思德身上表现出来的全心全意为人民服务的精神，提出了“我们的共产党和共产党所领导的八路军、新四军，是革命的队伍。我们这个队伍完全是为着解放人民的，是彻底地为人民的利益工作的”著名论断，为共产党人树立了一种全新的精神境界，把为人民服务确立为共产党

人的人生观、价值观，作为共产党人自身修养的根本出发点，指出“对人民有好处”是我们坚持真理、修正错误的立足点。改革开放以来，邓小平同志明确地指出，人民满意不满意、人民高兴不高兴、人民赞成不赞成，应当成为检验我们一切工作的标准。中国特色社会主义进入新时代，习近平同志更加强调共产党人必须确立为人民服务的宗旨，强调“我们要永远保持建党时中国共产党人的奋斗精神，永远保持对人民的赤子之心。一切向前走，都不能忘记走过的路；走得再远、走到再光辉的未来，也不能忘记走过的过去，不能忘记为什么出发”，指出“人民对美好生活的向往，就是我们的奋斗目标”。

二、不忘初心、牢记使命，是中国共产党人的历史担当和使命追求

实现中华民族伟大复兴，是近代以来中华民族最伟大的梦想。中国共产党一经成立，就立志于中华民族的千秋伟业，义无反顾肩负起实现中华民族伟大复兴的历史使命。我们党团结带领人民找到了一条以农村包围城市、武装夺取政权的正确革命道路，进行了28年浴血奋战，完成了新民主主义革命，建立了中华人民共和国，实现了中国从几千年封建专制政治向人民民主政治的巨大转折。中华人民共和国成立以后，我们党团结带领人民完成社会主义改造，确立社会主义基本制度，推进社会主义建设，完成了中华民族有史以来最为广泛而深刻的社会变革，实现了中华民族由近代不断衰落到根本扭转命运并持续走向繁荣富强的伟大飞跃。党的十一届三中全会以后，我们党团结带领人民进行改革开放新的伟大革命，在社会主义道路、理论、制度、文化上进行了一系列革命性变革，破除阻碍国家和民族发展的一切思想和体制障碍，开辟了中国特色社会主义道路，开启了中国特色社会主义新时代，党的面貌、国家的面貌、人民的面貌、军队的面貌、中华民族的面貌发生了前所未有的变化，迎来了中华民族从站起来、富

起来到强起来的伟大飞跃。进入新时代，作为世界第一大政党的中国共产党，正以永不懈怠的精神状态和一往无前的奋斗姿态，坚定不移地在引领民族复兴之路上争取更大的胜利。

三、在江苏大地熔铸而成的周恩来精神、雨花英烈精神、新四军铁军精神、淮海战役精神，是涵养中国共产党人初心使命和为民情怀的宝贵财富

江苏是周恩来的故乡，是新四军华中抗战的主战场，是淮海战役主要发生地。长期革命历程中熔铸而成的周恩来精神、雨花英烈精神、新四军铁军精神、淮海战役精神，成为中国共产党精神谱系中的“江苏符号”，不仅属于江苏，更是全党乃至全国的宝贵精神财富。周恩来精神包含着崇高坚定的理想信念、无限忠诚的政治品格、一心为民的公仆情怀、实事求是的工作作风、廉洁自律的高尚情操。他是我们全体共产党员特别是领导干部的楷模。白色恐怖下，在雨花台牺牲的共产党人，为了探求救国救民道路义无反顾、勇往直前，慷慨赴死、从容就义，用生命诠释了理想信念的力量和敢于牺牲的精神。发源于党独立领导武装斗争第一仗的铁军精神，诠释了党绝对领导下的人民军队信念坚定、敢于斗争、百折不挠的精神和品格。淮海战役“小推车推出来的胜利”诠释了“军民团结如一人，试看天下谁能敌”的斗志和气概。习近平总书记对这些精神给予了充分肯定和高度评价。2014 年 12 月，他在江苏调研期间指出，在雨花台留下姓名的烈士就有 1519 名，他们的事迹展示了中国共产党人的崇高理想信念、高尚道德情操、为民牺牲的大无畏精神。要用好用活这些丰富的党史资源，使之成为激励人民不断开拓前进的强大精神力量。2017 年 12 月 13 日，习近平总书记来到徐州凤凰山东麓，瞻仰淮海战役烈士纪念塔，向淮海战役烈士敬献花篮，并深有感触地说，革命胜利来之不易，靠有革

命英雄主义精神的一大批将帅之才和战斗英雄，更靠人民的支持和奉献。淮海战役就是小推车推出来的胜利。我们要好好回报人民，让人民过上幸福美好的生活。2018年3月1日，习近平总书记在纪念周恩来同志诞辰120周年座谈会上的重要讲话中，高度评价了周恩来同志光辉的一生和高尚的品格，强调周恩来同志是不忘初心、坚守信仰的杰出楷模，是对党忠诚、维护大局的杰出楷模，是热爱人民、勤政为民的杰出楷模，是自我革命、永远奋斗的杰出楷模，是勇于担当、鞠躬尽瘁的杰出楷模，是严于律己、清正廉洁的杰出楷模。“周恩来同志是近代以来中华民族的一颗璀璨巨星，是中国共产党人的一面不朽旗帜。”

四、坚持和弘扬四种革命精神，不忘初心、牢记使命，把伟大梦想变为美好现实

周恩来精神、雨花英烈精神、新四军铁军精神、淮海战役精神这四种精神诞生于江苏，是中国共产党人践行初心和使命的不懈追求在江苏大地的真实写照。这既是江苏的光荣，也是新形势下推进江苏发展的精神力量所在。把继承和弘扬四种革命精神贯穿于“不忘初心、牢记使命”主题教育中，对于我们在新时代接续奋进，把伟大梦想变为美好现实，具有十分重要的理论意义和实践意义。

坚持和弘扬四种革命精神，把伟大梦想变为美好现实，就必须始终坚持党的领导。要始终严守党的政治纪律和政治规矩，自觉在思想上、政治上、行动上同以习近平同志为核心的党中央保持高度一致，坚决维护习近平总书记在党中央和全党的核心地位，坚决维护党中央权威和集中统一领导，坚决反对一切削弱、歪曲、否定党的领导的言行。要深入学习贯彻习近平新时代中国特色社会主义思想，深刻领会习近平新时代中国特色社会主义思想对于进行伟大斗争、建设伟大工程、推进伟

大事业、实现伟大梦想的决定性作用。要进一步增强“四个意识”，坚定“四个自信”，做到“两个维护”，坚决执行党的政治路线，把对党忠诚、为党分忧、为党尽职、为民造福作为根本政治担当，永葆共产党人政治本色。

坚持和弘扬四种革命精神，把伟大梦想变为美好现实，就必须进一步坚定理想信念。理想信念是中国共产党人的政治灵魂。中国共产党能够历经挫折而不断奋起，历尽苦难而淬火成钢，归根到底在于千千万万中国共产党人心中的远大理想和革命信念始终坚定执着，始终闪耀着火热的光芒。中国共产党成立以来的历史，就是领导全国各族人民自强不息、顽强拼搏，从积贫积弱、多灾多难，到一步一步站起来、富起来、强起来的巨大飞跃的历史。理想信念决定着我们的方向和立场，也决定着我们的言论和行动。我们要从党领导人民走过的辉煌历程中，坚定新时代中国特色社会主义的必胜信念，走好新时代的长征路。要进一步坚定对中国特色社会主义的道路自信、理论自信、制度自信、文化自信，高扬理想的风帆，荡起奋发的双桨，以习近平新时代中国特色社会主义思想作为引领我们继续奋斗的旗帜，确保党和国家事业顺利发展。

坚持和弘扬四种革命精神，把伟大梦想变为美好现实，必须始终坚持以人民为中心的发展思想。人民是历史的创造者，是决定党和国家前途命运的根本力量。我们党来自人民、植根人民、服务人民，一旦脱离群众，就会失去生命力。要坚持人民主体地位，坚持立党为公、执政为民，始终践行全心全意为人民服务的根本宗旨，把党的群众路线贯彻到一切工作之中，把人民对美好生活的向往作为我们的奋斗目标，依靠人民创造历史伟业。要始终保持党同人民的血肉联系，一切为了人民，围绕人民群众对美好生活的新期待，坚持富民导向不动摇、不偏离、不松劲，着力解决好老百姓最关注的现实问题，不断提升人民群众的获得感、满意度，让百姓生活更宽裕、更便利、更舒心、更安心、更有尊严，建设令人向往的新江苏。

坚持和弘扬四种革命精神，把伟大梦想变为美好现实，必须撸起袖子加油干。实干才能兴邦。今天，我们比历史上任何时期都更接近、更有信心和能力实现中华民族伟大复兴的目标。但是，这个伟大目标绝不是轻轻松松、敲锣打鼓就能实现的。进入新时代，我国社会主要矛盾发生了深刻变化，已由人民日益增长的物质文化需要同落后的社会生产之间的矛盾转变为人民日益增长的美好生活需要和不平衡不充分的发展之间的矛盾，但我国仍处于并将长期处于社会主义初级阶段的基本国情没有变，我国是世界上最大发展中国家的国际地位没有变，在前进道路上还会遇到许多难以预料的问题和困难。要按照党的十九大的全面部署重整行装再出发，坚持把习近平总书记视察江苏重要讲话精神作为江苏工作的指南，全面贯彻落实党中央大政方针，紧密结合江苏实际，以对党、对人民、对历史高度负责的精神，恪尽职守做好工作，创造江苏更加美好的明天。

新时代中国特色社会主义的航向已经明确，中华民族伟大复兴的巨轮正在乘风破浪前行。我们肩负着新的历史使命，面临着新的风险、新的挑战、新的困难，在前进道路上，我们要更加紧密地团结在以习近平同志为核心的党中央周围，大力弘扬四种革命精神，不忘初心、牢记使命，奋发进取、埋头苦干，努力创造经得起实践、人民、历史检验的实绩，无愧于时代，无愧于人民，无愧于历史，为实现党的十九大确定的目标任务，为决胜全面建成小康社会，谱写中华民族伟大复兴中国梦的江苏篇章而努力奋斗！

周恩来
精神

出生于江苏淮安的周恩来，是党和国家主要领导人之一，中国人民解放军主要创建人之一，中华人民共和国的开国元勋，是以毛泽东同志为核心的党的第一代中央领导集体的重要成员。在50多年的革命生涯中，周恩来毫无保留地把全部精力奉献给了党和人民，为中国共产党的发展、壮大，为新民主主义革命和社会主义建设事业，作出了重要贡献。他从小立志为中华崛起而读书，求索救国救民真理；拒绝蒋介石委任的要职，发动组织指挥上海第三次工人武装起义和南昌起义，实施战略大转移，力主毛泽东进入党中央领导核心；和平解决西安事变，赴国统区与蒋介石斗智斗勇，艰难推进民主进程；开国前夜，秉笔起草《共同纲领》，筹备开国大典；组建政务院，运筹抗美援朝，编制“一五”计划；代表中华人民共和国走上国际舞台，打开外交局面，实现中法、中日、中美建交；病魔缠身的晚年，把邓小平重新推上政治舞台。周恩来宽阔的胸怀、谦逊的美德、高尚的情操和忘我的奉献精神，赢得了全党、全军和全国各族人民的衷心爱戴。“人民总理爱人民，人民总理人民爱”，表达了人民群众对周恩来最真挚和最深厚的情感。他的崇高精神和高尚人格，在中国人民心中矗立起了一座不朽的丰碑，感召和哺育着一代又一代共产党人，成为推进我们党和国家事业的一种巨大力量。

2018年3月1日，习近平总书记在纪念周恩来同志诞辰120周年座谈会上指出，周恩来同志是不忘初心、坚守信仰的杰出楷模，是对党忠诚、维护大局的杰出楷模，是热爱人民、勤政为民的杰出楷模，是自我革命、永远奋斗的杰出楷模，是勇于担当、鞠躬尽瘁的杰出楷模，是严于律己、清正廉洁的杰出楷模。习近平总书记连用六个“杰出楷模”，深刻阐述了周恩来同志崇高精神的丰富内涵，强调周恩来同志身上展现出来的中国共产党人的崇高精神，是历史的，也是时代的，将激励我们在新时代坚持和发展中国特色社会主义征程上奋勇前进。

周恩来的成长史、奋斗史，展示了伟大、忠诚、杰出的马克思主义者的成长历程，揭示了他之所以成为杰出领袖、世界伟人、最得民心的共产党员的真谛，是留给我们最宝贵的精神财富。深入学习、大力弘扬周恩来精神，必将激励全省广大党员干部坚持以习近平新时代中国特色社会主义思想为指导，永葆共产党人的政治本色，不忘初心、牢记使命，砥砺奋进、接续奋斗，谱写好中华民族伟大复兴中国梦的江苏篇章。

一、“周恩来精神”的提出过程

“周恩来精神”是周恩来在长期革命、工作和广泛的人际交往的实践中所体现出来的崇高的价值理念与人格风范，其核心和实质是全心全意为人民服务。“周恩来精神”的提出经历了由群众自发到学界自觉、由少数人观点到多数人认同的发展过程。

1976年周恩来去世，1988年周恩来诞辰90周年，这一时期关于周恩来的纪念文章，主要以缅怀和回忆周恩来的生平、业绩为主，大多数都涉及对周恩来高尚的人格、风范和品德的赞美，“周恩来精神”开始出现由群众自发到学界自觉、由具体上升到抽象概括的端倪。从周恩来诞辰 90 周年召开的全国周恩来研究学术研讨会开始，各种感性的怀念文章逐渐向理性研究升华，大家普遍感到周恩来身上有一股强大的精神力量在强烈地吸引着人们，不少学者不约而同开始提出“周恩来精神”的概念。1979 年，老红军战士王定国在《人类最高尚的灵魂》一文中，率先提出“周恩来精神”。内蒙古民族大学刘济生教授在《毛泽东思想研究》1991 年第 3 期《论周恩来精神》一文中，对周恩来精神做了理性概括。之后，专家学者相继使用了“周恩来精神”这一概念。

1998 年周恩来百年诞辰之时，周恩来研究掀起了一个前所未有的新高潮，而这一新高潮的突出理论成果，就是“周恩来精神”被人们普遍接受。时任中共中央总书记的江泽民号召：“全党全军和全国各族人民，特别是各级领导干部，都要努力学习周恩来同志的崇高精神。”中共中央党史研究室、中共党史学会、中共重庆市委党史研究室和重庆中共党史学会联合在重庆举办了周恩来精神与风范研讨会，并结集出版了《周恩来精神与风范研究文集》（重庆出版社 1999 年版），共收集了 70 余篇学术论文，其中直接或间接论述“周恩来精神”的文章达 50 余篇。另外，周恩来故乡江苏淮阴市（现淮安市）以及南京市、淮阴师范学院相继成立了周恩来研究会。2002 年，江苏省成立周恩来研究会，这是全国唯一的省级周恩来研究会，由原中共江苏省委书记沈达人任会长。淮阴师范学院从 1998 年开始，在《淮阴师范学院学报》上专门开设“周恩来研究”专栏。江苏省周恩来研究会从 2004 年开始，创办了周恩来研究专刊《觉悟》（内刊）。上述文集和专栏成为研究和传播“周恩来精神”的标志性学术成果和研究阵地。

二、周恩来精神的重要意义

周恩来精神是周恩来对中国共产党、中华民族乃至全人类的一个特殊贡献，是中华民族优秀的文化精神和崇高的共产主义精神的完美统一，也是中国时代精神的集中体现，具有重大而深远的意义。

（一）周恩来精神是中华民族优秀传统文化的精华凝结

民族精神是一个民族得以生存和发展的精神支柱。一个民族，如果没有振奋的精神，就不能立于世界民族之林，中华民族之所以历经磨难而不衰，就是因为有着伟大的民族精神。周恩来精神是伟大的民族精神孕育而成的。中华民族精神中的忠、爱、信、温、俭、和、刚、柔、忍、义等特征，在周恩来身上均得到了完美的体现。他曾说："中国是古老的民族，也是勇敢的民族。中华民族有两大优点：勇敢，勤劳。这样的民族多么可爱，我们爱我们民族（当然其他民族也有他们可爱之处，我们决不忽视这一点），这是我们自信心的泉源。"周恩来精神是中华民族伟大精神生动、具体的凝结。他坚定地爱党、爱国、爱人民的政治信念，是"天下兴亡，匹夫有责"爱国情怀的体现和升华；他全心全意为人民服务、无私奉献的高尚品格，是"仁者爱人，天下为公"传统美德的体现和升华；他严于律己、率先垂范的优秀品质，是"正人先正己"传统思想的体现和升华；他勤俭节约、艰苦奋斗的优良作风，是"艰难困苦，玉汝于成"传统美德的体现和升华。周恩来精神包含着中国优秀传统文化的积淀、世界精神文明中的精华，对于凝聚民族人心具有巨大的感召力和向心力。

（二）周恩来精神是中国共产党理想精神的集中体现

周恩来是中国共产党人精神的名片，在他身上，凝聚着中国共产党人的优秀品格，洋溢着浩然正气和独特的人格魅力，集中体现了党的领袖人物的精神风采，集中体现了党的优良传统和作风，集中体现了共产党人的初心与使命，成为中国共产党坚持党性的楷模、为人民服务的典范、党的优良作风的化身。周恩来精神是中国共产党的软实力，它能产生强大的凝聚力、公信力、领导力。许多人就是通过周恩来展示的这种精神认识了中国共产党，认识了社会主义，坚定不移地为社会主义奋斗的。美国作家海明威与周恩来交谈后说：“如果这个人代表了中国共产党的形象，那么，中国的未来是属于他们的。”美国前总统尼克松在《领袖们》一书中说：“我 1972 年访问中国期间，周恩来无与伦比的品格是我得到的最深刻印象之一。他待人很谦虚，但沉着坚定。他优雅的举止，直率而从容的姿态，都显示出巨大的魅力和泰然自若的风度。”中国共产党的亲密朋友刘仲容先生讲过：“很久以来，我一想到中国共产党，脑子里就浮现出周恩来的形象。”我国著名的妇产科专家林巧稚过去信奉上帝，她曾说：“上帝是什么样的？我没见过，谁也没有见过。可是我从周总理身上看到了一种真正高尚无私的人格。”“就是他这种崇高的精神，在影响着我，使我由信上帝变成信共产党。”

（三）周恩来精神是一代代共产党人尊崇践行的不朽旗帜

毛泽东同志在 1943 年 9 月召开的中央政治局扩大会议上对周恩来给予了高度评价，他说周恩来同志有三大长处：一是对敌斗争勇敢，二是对工作拼命，三是有广泛的群众联系。邓小平同志也说，周恩来同志从不打自己的旗帜，不搞圈圈、摊摊，全党高级干部要学习他的这一作风。江泽民同志在周恩来诞辰 100 周年纪念大会上的讲话中指出：“周恩来，这是一个光荣的名字、一个不朽的名字。”“他的崇高精神和人格，感召和哺育着一代一代共产党人，已经成为推进我们党和国家事业的一种巨大力量。”胡锦涛同志在纪念周恩来诞辰 110 周年大会上强调：“他身上集中体现了中国共产党人的高风亮节，在中国人民心中矗立起一座不朽的丰碑。”“我们缅怀周恩来同志，就是要永远铭记和认真学习周恩来同志的精神，使之不断发扬光大。”2009 年 4 月 22 日，时任国家副主席的习近平同志在周恩来纪念馆深情地说：“像周总理这样的一代楷模，真是我们现在人尤其是党政干部学习的榜样，特别要学习他做人的风范，首先是做人，其次是做个模范的共产党员，再就是做一个革命家。我们只能是见贤思齐，学习这种精神。”2015 年 3 月初，习近平总书记批示，周恩来的优良作风和优秀品德至今仍是我们学习的榜样。2018 年 3 月 1 日，习近平总书记在纪念周恩来同志诞辰 120 周年座谈会上强调指出：“周恩来同志是近代以来中华民族的一颗璀璨巨星，是中国共产党人的一面不朽旗帜。周恩来同志的崇高精神、高尚品德、伟大风范，感召和哺育着一代又一代中国共产党人。”

三、周恩来精神的丰富内涵

周恩来精神有着非常丰富的内涵，包括周恩来的理想信念、思想品德、人格风范、精神境界等内容，也包括他的工作作风以及党性修养、自我完善等内容。

（一）崇高坚定的理想信念

崇高的理想信念和政治信仰是共产党人的前进方向、精神之“钙”和力量支撑。确立为最大多数人谋取最大利益的共产主义理想信念，是周恩来同志毕生奋斗的初心和源泉，是他的优良作风、高尚人格的内在根基。

少年时，周恩来就立下了“为中华之崛起而读书”“愿相会于中华腾飞世界时”的远大志向和宏大梦想。15 岁时，他给同学郭思宁题词“同心努力，万里前程指日登”。18 岁时，他在南开读书时赋诗“险夷不变应尝胆，道义争担敢息肩”。19 岁赴日留学前，他慷慨激昂“邃密群科济世穷”。20 岁留学日本，他立志“不为利起，不为势屈”“想去救国，尽力社会”。24 岁时在欧洲确立了共产主义的政治信仰，他在给朋友的信中说：“我认定的主义一定是不变了，并且很坚决地要为他宣传奔走。”周恩来经常说：“人是应该有理想的，没有理想的生活会变成盲目。”他对党的事业，对社会主义中国的光明前途，对振兴中华民族的伟大事业，始终充满必胜的信心，无论遇到什么样的艰难困苦，从不动摇。他说：“共产党人就是为不断克服困难，继续前进而存在的。畏难苟安，不是共产党人的品质。”周恩来在确立了共产主义理想信念之后，尽管国际共产主义运动风波不断，党内斗争曲折多变，革命和建设潮起潮落，自己饱受磨难和委屈，但其执着的信仰、信念、信心始终如一，历久弥坚、恒而不变。到了 1975 年，周恩来进入生命的最后日子，仍牵挂着中国共产党的党际交流，牵挂着国际共产主义事业。周恩来以自己的实际行动，践行了“在任何艰难困苦的情况下，都要以誓死不变的精神为共产主义奋斗到底”的铿锵誓言。

（二）无限忠诚的政治品格

忠诚是领导者的基本道德要求和责任，是政治家的基本品格和安身立命的根本。周恩来对党和人民无限忠诚，这是他毕生奋斗的力量源泉。他始终把党和人民的利益放在高于一切的位置，忠诚于党，忠诚于人民，忠诚于国家。

在长期的革命斗争历程中，有顺境有逆境，有成功和胜利的喜悦，也有挫折与委屈的苦闷，有的人退却了，有的人沉沦了，周恩来却始终如一地坚持马克思主义真理，忠诚共产主义信仰，不管在任何情况下都做到政治信仰不变、政治立场不移、政治方向不偏，用实际行动去书写共产党人的忠诚。在革命战争年代担任红军主要领导时，周恩来就强调："党的领导作用要绝对的提高。红军中只能有党的领导，党要运用集中指导的原则来建立权威。"革命危急关头，他秉持对党忠诚之心，认识到中国革命的胜利需要毛泽东同志这样真正了解中国国情、善于将马克思主义真理同中国革命实践相结合的领导人成为核心，由此便有了历史上著名的"周博长谈"。这对确定毛泽东的党内地位发挥了重要作用。我们党由此开始形成坚强的领导核心，拥有了成熟的领导集体。皖南事变发生后，面对生死考验，他要求大家："遇见黑暗不灰心丧气。只要大家坚守信念，不顾艰难向前奋斗，并且在黑暗中显示英勇卓绝的战斗精神，胜利是要到来的。"

周恩来顾全大局、光明磊落，把增强党的团结、反对个人主义提高到"对党、对人民、对共产主义的事业都具有决定意义"的高度，在维护党的团结统一方面堪称楷模。负责政府工作时，他提出必须加强"各部门的党组工作"，必须加强"向党中央的请示报告制度"。他讲党性，顾大局，坚决反对和抵制不利于党的团结和损害中央权威的言论和行动。他反对任何派别思想、小团体习气、地方主义、山头主义和本位主义，从不搞小圈子、小集团。在“文化大革命”后期，在毛泽东的支持下，他排除干扰，全力支持、促成邓小平复出并担任党、政府和军队的重要职务。这不仅为邓小平实施全面整顿提供了条件，而且为党的十一届三中全会实现拨乱反正和改革开放准备了条件。1976 年 1 月 15 日，邓小平在周恩来追悼大会上提出“六个学习”，第一个学习就是要学习周恩来“对马克思主义、列宁主义、毛泽东思想的无限忠诚”。

（三）一心为民的公仆情怀

周恩来始终热爱人民、勤政为民，把自己看成人民的“总服务员”，反复强调“我们的一切工作都是为了人民的”，“我们国家的干部是人民的公仆，应该和群众同甘苦，共命运”，要“永远做人民忠实的勤务员”。他胸前佩戴的“为人民服务”徽章是他一生真实的写照。

周恩来早年旅法勤工俭学，在寻求济世救国真理的诗中就写道：“努力为生，还要努力为死，为民众的幸福，为中华的崛起。”1946 年 10 月，他在上海纪念鲁迅逝世十周年的会上说，“人民的世纪到了，所以应该像条牛一样努力奋斗”，“为人民服务而死”。中华人民共和国成立不久，周恩来对身边工作人员谈起人民政府与旧的统治政权的本质区别，他说：“中南海是过去的封建皇帝待的地方，在这个黄圈圈里都是穿黄马褂的人，是个与民隔绝又统治百姓的禁城。现在解放了，我们在中南海工作，就要打破往日的‘黄圈圈’，与人民同呼吸、共命运，当真正的人民公仆，为人民服务。”此后，他反复强调：我们的政权是代表各阶层人民利益的，是属于人民群众的，是为人民服务的；人民是国家的主人，政府工作人员是人民的服务员，衣食住行都是人民给的，没有谋私的权利，总理应该是最大最好的服务员。

周恩来坚定地相信人民群众在社会历史中的伟大创造力量，将脱离群众称作“搞社会主义的大病”。1956年5月17日，他在关于昆曲《十五贯》的讲话中语重心长地说，“现在有个风气，对领导不称首长就会有人怪”，“老百姓想见做‘官’的是多难啊!”“我们做‘官’的人，让我们想一想，是不是真正在为人民服务”。他提倡共产党员要满腔热情地、勤勤恳恳地全心全意为人民服务，反对堕落为资产阶级卑鄙的个人主义。

（四）实事求是的工作作风

周恩来坚持一切从实际出发，坚持理论联系实际，坚持用科学的世界观和方法论指导工作。他反复倡导要“说真话，鼓真劲，做实事，收实效”，提出既要有“敢想、敢说、敢做的革命精神”，又要有“实事求是的科学态度”。

周恩来从学生时代即逐步培养起趋重实际、言行一致、求真务实的优良品质。他认为“发于言，著于行，无丝毫假借，无智利相扰”，主张培植“趋重实际的精神”，极力提倡“思想要自由，做事要实在，学问要真切”。参加革命后，他更加自觉地将马克思主义运用于中国实际，郑重宣称“我们当信共产主义的原理和阶级革命与无产阶级专政两大原则，而实行的手段则当因时制宜”，即一切从实际出发。他不仅较早地掌握马克思主义的精髓，而且自觉地运用于中国革命和建设的实践。

周恩来在探索社会主义建设的艰辛历程中，始终坚持要把主观能动性和客观可能性结合起来，既反保守，又反急躁冒进，强调干劲要大，步子要稳。面对落后的现实，他主张既要有雄心壮志，尽快赶上先进水平，

又要循序渐进，不能一步登天。从 1955 年第四季度开始，由于我们缺乏经济建设的经验和科学的态度，从中央到地方出现了一股盲目拔高经济数量指标的冒进势头。1956 年 1 月 20 日，周恩来在党中央召开的知识分子问题会议上呼吁：不要搞那些不切实际的事情，要“使我们的计划成为切实可行的、实事求是的计划，而不是盲目冒进的计划”。

周恩来非常重视调查研究。在对一件重大的事情做出决策之前，他总要进行深入细致的调查研究工作。1954年冬，周恩来听说北京市的交通很拥挤，就亲自乘坐公共汽车在北京市绕了半圈，然后指示有关部门研究解决这个与人民群众生活关系十分密切的问题。周恩来指出，领导者要做出正确的决策，就“必须经过最实际的调查研究，并使这些实际材料与党的原理原则联系起来”，同时“要躬行实践”，并经过“由上而下”“由下而上”系统地经常审查，才能从实践中证明党的路线和策略是否正确和是否需要补充。1961年3月，周恩来针对某些领导人在调查中只听汇报、不做深入细致调查研究工作的现象提出批评：我们的干部“要从客观存在出发，不能从主观想象出发。进行调查研究，必须实事求是。我们下去调查，必须对事物进行分析、综合和比较”，并坚持“从群众中来，到群众中去；集中起来，坚持下去；坚持真理，修正错误”三条原则。

（五）廉洁自律的高尚情操

周恩来毕生严以律己、艰苦朴素，只求奉献、不思回报。他身居高位，从不搞特殊化，一身正气、两袖清风，凡要求党员和群众做到的，他首先做到；凡要求党员和群众不做的，他坚决不做。

周恩来经常告诫领导干部要过好思想关、政治关、社会关、亲属关、生活关，平时外出，吃饭、洗衣、喝茶都是自己付钱。乘车到医院看病、看望朋友，每次都要司机老杨记下公里数，自己交汽油费。他从不收礼，也不允许地方给中央送礼。他认为请客送礼不仅加重了人民的负担，更重要的是助长腐败的社会风气。

周恩来对亲属要求非常严格，绝不允许谋取半点私利。他唯一的胞弟周同宇在20世纪20年代曾投入大革命洪流，新中国成立后在政府工业部门工作，后因胃病不能正常上班，被有关部门安排到内务部任参事。周恩来认为这样等于不工作拿干薪，影响党的形象。为此他专门向内务部部长曾山提出意见，让胞弟提前办理了病退手续。侄子周尔辉在北京一所大学当教员，有关方面为解决他们夫妻两地分居问题，把他爱人孙桂云从淮安调到了北京。周恩来知道后，劝侄子侄媳带头响应国家压缩城市人口工作的号召，让他们一同调回了淮安。周恩来的表兄万叙生写信请他帮助女儿安排正式工作，周恩来回信说："这是关系到遵守国家制度和服从国家需要的问题，我没有权力要求国家对自己的亲友给予特殊照顾。我从来也没有这样做过。"刚开始实行机关干部下基层劳动锻炼的制度时，周恩来就让侄子周荣庆从北京到河南当了农民。在党中央号召知识青年建设社会主义新农村时，周恩来又鼓励侄女周秉建到内蒙古插队。1970年12月，当得知周秉建按正常手续办理了应征入伍时，周恩来对周秉建说："女兵很难当，怎么就偏偏挑上了你？那还不是看在我们的面子上，这样影响不好。""我们不能搞这个特殊，一点也不能搞！"后经部队批准，周秉建回到内蒙古大草原当牧民。

四、周恩来精神的时代价值

习近平总书记指出，"周恩来同志半个多世纪奋斗的人生历程是中国共产党不忘初心、牢记使命的一个生动缩影”。实践证明，周恩来精神不仅在过去中国革命和社会主义建设中发挥了巨大的作用，对现在和将来的中国共产党执政党建设，对国家发展和民族复兴的伟大事业，对党员干部永葆本色、砥砺奋进，仍有重要的现实意义和重大的时代价值，仍将发挥巨大的作用。

新形势新时代，广大党员干部学习弘扬周恩来精神，就要从“四个始终不忘”入手，体悟周恩来精神不可替代、独具特点的品质，找寻避免共产党人精神蜕变的原动力，激荡起奋斗奋进的蓬勃伟力。

（一）始终不忘坚守信念，把信仰之旗高高擎在头顶

理想信念是共产党人的灵魂和特质，是共产党员的精气神。是否拥有马克思主义的信仰和社会主义、共产主义的信念，是区别一个人是否从思想上入党的最重要的标志，是判断一个共产党人思想上是否纯洁的首要标准。周恩来信念坚定、对党忠诚，内心时常激越澎湃着信仰的力量，把一切都毫无保留地献给了党、献给了祖国、献给了人民。现在，我们所处的时代方位发生了很大变化，既没有革命战争时期的枪林弹雨、血雨腥风，也不像中华人民共和国成立之初那样筚路蓝缕、百废待兴。与革命先辈相比，我们有的党员干部缺少了对马克思主义信仰的那份坚守，少了为共产主义事业奋斗终生的那份执着，有的甚至信念丢失、信仰缺失、忠诚失守。在一些人甚至是一些党员领导干部心里，马克思主义、社会主义和共产主义早已淡漠了、生疏了。他们甚至羞于、耻于谈论马克思主义，更不敢理直气壮地声明自己的理想信念是马克思主义、社会主义和共产主义。习近平总书记指出，“有一个道理要反复讲，就是党的干部必须永不动摇信仰”。因为“‘总开关’问题没有解决好，这样那样

的出轨越界、跑冒滴漏就在所难免”。学习弘扬周恩来精神，就是要不忘我们入党的初心，不忘我们在入党宣誓时的铮铮誓言，把对马克思主义、共产主义的崇高信仰作为终身追求，把坚定理想信念作为安身立命的“主心骨”、修身立业的“压舱石”，把“永不动摇信仰”作为贯穿一生的红线去坚守，牢固树立“四个意识”，坚定“四个自信”，在习近平新时代中国特色社会主义思想指引下，奋力走好新时代长征路，用更多创新创造谱写江苏发展的新篇章。

（二）始终不忘躬身为民，把人民群众时刻放在心中

带领人民创造美好生活，是我们党始终不渝的奋斗目标；时刻保持同人民群众的血肉联系，是我们党永远立于不败之地的重要保证。周恩来始终坚持人民利益高于一切，全心全意为人民谋利益。他心中永远想着人民，急人民所急，忧人民所忧，在领导社会主义建设的过程中，不管在什么情况下，经济建设的发展都注意兼顾人民生活和身心健康，时刻把群众的疾苦挂在心头，认真解决包括柴米油盐在内的一切关系群众切身利益的问题，真正做到为了党和人民的事业夙兴夜寐、呕心沥血，鞠躬尽瘁、死而后已。能不能时时关心人民疾苦，能不能始终坚持为人民服务的宗旨，这是检验一个党员干部是人民公仆还是当官做老爷的试金石。当前，有些党员干部起初也能与人民群众亲密无间、不分彼此，官做大了，就逐渐与群众隔离，对群众的疾苦渐渐淡忘了，脑子里开始充斥着个人的“位子、房子、孩子、票子、车子”。一些腐败分子就是沿着这条路一直滑下去，最终由人民的公仆变为骑在人民头上的官老爷，甚至成为敌对势力“和平演变”的应声虫。这是极端危险的。弘扬周恩来精神，就是要按习近平总书记要求的那样，“在任何时候任何情况下，

领导干部都要始终坚持把最广大人民的根本利益放在首位，自觉用最广大人民的根本利益来检验自己的工作和政绩，做到凡是为民造福的事情就一定要千方百计办好、凡是损害广大群众利益的事情就坚决不办”；就是要站稳人民立场，时刻牢记人民群众是我们的根、我们的本，把全心全意为人民服务的宗旨牢牢扎根在心里、落实在行动上，与人民同呼吸、共命运、心连心，做群众的知心人、贴心人、暖心人，坚持以人民为中心的发展思想，科学统筹、优先解决事关人民福祉的紧要问题，不断增强广大人民群众的获得感、幸福感和安全感。

（三）始终不忘奋斗奋进，把砥砺前行作为执着追求

奋进精神，是一个民族、社会发展的动力因素，也是一个人奋斗不息的支柱支撑。周恩来的一生是不断进取的一生。为了实现共产主义这一崇高理想，周恩来在中国革命的各个历史阶段都站在斗争的最前列，他常告诫人们，“想要想比现在还新的思想；做要做现在最新的事情；学要学离现在最近的学问”。他经常与邓颖超互勉：要努力学习，适应时代的要求，跟上时代的步伐，站在时代的前列。他还经常警示自己：“偶一不注意，便有落后的危险，还得再鼓干劲，前进再前进啊！”学习弘扬周恩来精神，广大党员干部就是要坚守出发时的目标，保持奋进的恒心，以永不懈怠的精神状态和一往无前的奋斗姿态，接好历史的接力棒。“幸福都是奋斗出来的。”习近平总书记在 2018 年春节团拜会上的讲话中，重申了“奋斗”这一时代主题词。当前，我国经济已由高速增长阶段转向高质量发展阶段，推动高质量发展是江苏作为东部发达省份必须扛起的重大责任。面对新时代新任务新挑战，各级党员干部都要以如饥似渴的状态加强学习，以逢山开路、遇水架桥的开拓精神，围绕经济高质量、

改革开放高质量、城乡建设高质量、文化建设高质量、生态环境高质量、人民生活高质量这“六个高质量”发展任务，激荡起创新创造的伟力，昂扬起奋斗奋进的决心，弘扬起低调务实的作风，保持好撸起袖子加油干的劲头，不驰于空想、不骛于虚声，努力创造出更多经得起历史、时代和人民检验的发展成果。

（四）始终不忘责任担当，把使命职责自觉扛在肩头

铭记责任、敢于担当是中国共产党的优良传统和作风，是党员干部胸怀、勇气、品质的重要体现。周恩来一直以来都是在大事难事面前勇挑重担、敢于负责，在急事险事面前挺身而出、迎难而上，在名利地位面前不计得失、顾全大局，做到问题面前不回避、困难面前不推脱、挫折面前不退步、逆境面前不悲观，为党的事业付出毕生心血，以无私无畏的行动践行了共产党人应尽的责任、应有的担当。当前，一些干部不愿担责、不敢担当的问题还不同程度存在：有的当老好人，对错误行为不抵制、不批评，任何得罪人的事情都不干，任何触及矛盾的事情都不做；有的拖拉懒散、效率低下，推诿扯皮、敷衍塞责，门好进、脸好看但就是不好好办事；有的在简政放权中放小不放大、放虚不放实、名放实不放；有的解决群众反映强烈的热点难点问题办法不多，化解长期积累下来的矛盾投入精力不够。这些问题严重影响党和人民事业发展，必须下大力气加以解决。习近平同志多次强调，要坚持问题导向，勇于直面矛盾，善于解决问题。矛盾问题面前，最能考验党员干部的担当作为。历史常常以攻坚克难留下深刻印记，也常常以担当实干写下绚丽篇章。学习弘扬周恩来精神，党员干部就是要不忘责任之心，切实增强担当意识，时刻把应尽的责任牢记在心，始终保持“等不起、坐不住、慢不得”的紧

迫感，切实把抓落实放在更加突出位置，保持真抓的实劲、敢抓的狠劲、善抓的巧劲、常抓的韧劲，勇于挑最重的担子，敢于啃最硬的骨头，善于接最烫的山芋，以钉钉子精神把省委省政府的各项决策部署真正落到实处。

【延伸阅读】

一、信念坚定篇

（一）少年立志，信念初定——“为中华之崛起而读书”

“襟吴带楚客多游，壮丽东南第一州”说的是苏北平原中部大运河畔的一座全国历史文化名城——江苏淮安。在淮安市淮安区，有个古老的小巷，叫驸马巷。1898 年 3 月 5 日清晨，在驸马巷内一座三进院落组成的大宅院里，一名男婴呱呱坠地，他就是日后影响了中国乃至世界的一代伟人——周恩来。

周恩来的祖父叫周殿魁，祖籍为浙江绍兴，在淮安当“师爷”。周恩来的父亲叫周贻能，生母姓万，小名叫冬儿，是淮安府清河知县万清选的女儿。万清选是江西南昌人，先后在淮安、清河、安东（今涟水）、盐城等地做官 30 余年，为官清廉，颇有政绩。周恩来的母亲在家排行十二，大家叫她万十二姑。万十二姑读过五六年家塾，性格爽朗，精明强干，待人接物礼节考虑也比较周全，家族间如果发生了什么纠纷，都愿意请她出面调解。

周恩来出生后父母给他取了个大气的小名——“大鸾”，就是期望自己的儿子能像“神鸟”一样展翅高飞、青云直上，给家庭带来兴旺和幸福。1899 年初，周恩来叔叔周贻淦重病卧床不起，周恩来的父母把还不满一周岁的周恩来过继给他们“冲喜”。但不久，叔叔还是去世了，从此，婶婶陈氏和大鸾相依为命，她也就成了大鸾的第二个母亲，是周恩来的抚育者。

周恩来父亲周贻能

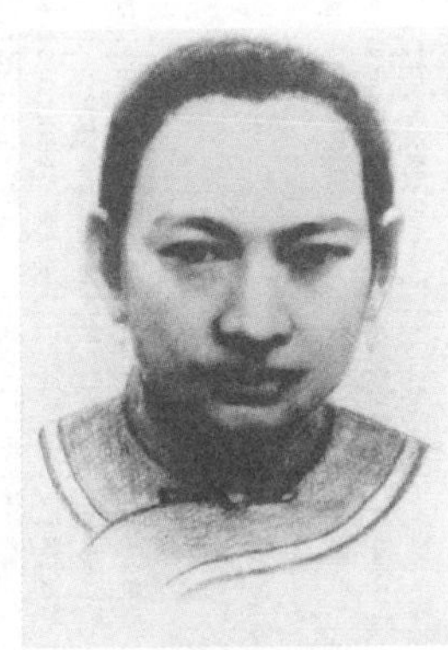
周恩来生母万氏

周恩来嗣母陈氏

陈氏出身贫寒的书香人家，在诗文书画上有很好的修养，且性格温和，待人热忱，办事精细。陈氏对大鸾非常喜欢，视如已出，把全部心血都倾注在对他的抚育上。大鸾学习非常刻苦，为了练好字，他常会站在书桌前，悬肘握指，勤学不辍。学习之余，陈氏还会经常给大鸾讲述淮安诸多英雄贤达的事迹和故事，比如历史名将梁红玉、关天培，比如文化名人吴承恩、吴敬梓、汪廷珍等，这些名人贤士爱国爱民、反贪抗暴、清正廉洁、潜心修学的光辉事迹，就像是大运河的层层波浪，在周恩来幼小的心灵里不时泛起阵阵涟漪，给予了他人生最基础也最重要的滋养。周恩来早期的作文《射阳记忆》《巾帼英雄》，就曾记述了他对这些英雄人物的认识和感受。40 年后，周恩来还曾满怀深情地回忆说：“直到今天，我还得感谢母亲的启发。没有她的爱护，我不会走上好学的道路。”

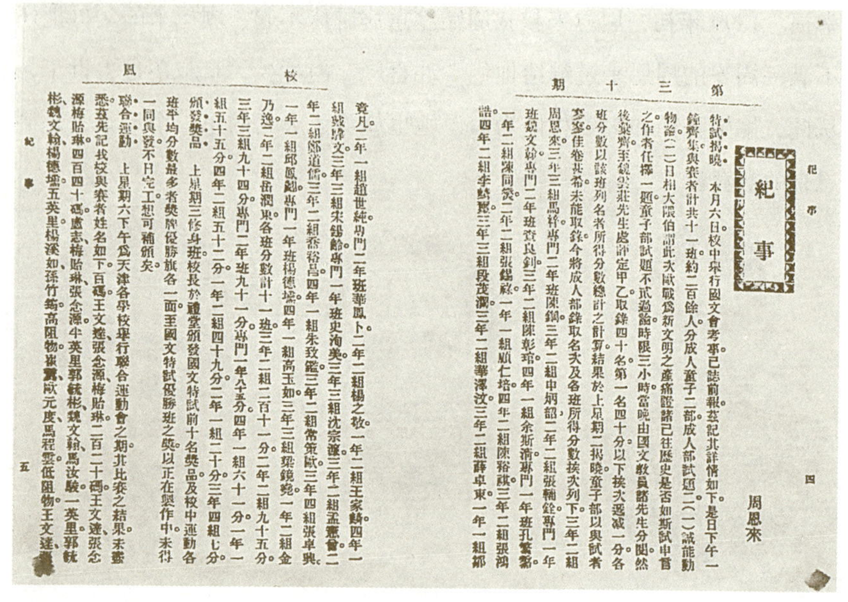

第三十期

紀事　四

紀事

周恩來

特試揭曉　本月六日校中舉行國文會考事已誌前報茲記其詳情如下是日下午一鐘齊集與賽者計共十一班約二百餘人分成人童子二部成人部試題二（一）誠能動物論（二）日相大隈伯謂此次歐戰爲新文明之產痛證諸已往歷史是否如斯試申管之作者任擇一題童子部試題不試過論時限三小時當晚由國文教員諸先生分閱然後彙齊至饒裴莊先生處評定甲乙取錄四十名第一名四十分以下挨次遞減一分各班分數以該班列名者所得分數總計之計算結果於上星期二揭曉童子部以與試者寥寥佳卷甚希未能取錄今將成人部錄取名次及各班所得分數挨次列下三年二組周恩來三年三組馬榮專門二年班陳鋼三年二組中炳韶二年二組張輔銓專門一年班吳文翰專門二年班賁良釗三年二組陳彰琯四年一組余斯濟專門一年班孔繁霱一年二組陳同叕二年二組張錫祚一年一組顧仁培四年二組陳裕祺三年二組張鴻誥四年二組李麟三年三組段茂瀾三年二組華澤汝三年二組薛卓東一年一組鄒

校風

竟凡二年一組趙世純專門二年班華鳳卜二年二組楊之敬一年二組王家麟四年一組戴驊文三年三組宋錫齡專門一年班史洵美三年三組沈宗濂三年二組孟憲會二年二組鄧道儒三年二組喬裕昌四年一組朱致鑑三年二組常策歐三年四組張卓興一年一組邱鳳翹專門一年班楊德壎四年一組高玉如三年三組梁鏡堯一年二組金乃逸二年二組岳潤東各班分數計十一班三年二組二百十一分二年二組九十五分三年三組九十四分專門二年班九十一分專門一年八十五分四年一組六十一分一年一組五十五分四年二組五十二分一年二組四十九分二年一組二十分三年四組七分

頒發獎品　上星期三修身班校長於禮堂頒發國文特試前十名獎品及校中運動各班平均分數最多者獎牌優勝旗各一面至國文特試優勝班之獎以正在製作中未得一同頒發不日完工想可補頒矣

聯合運動　上星期六下午爲天津各學校舉行聯合運動會之期其比賽之結果未盡悉茲先記我校與賽者姓名如下百碼王文達、張念源、梅貽琳二百二十碼王文達、張念源梅貽琳四百四十碼盧志、梅貽琳、張念源半英里郭毓彬、魏文翰、馬汝駿一英里郭毓彬、魏文翰、楊德壎五英里楊溪如孫竹鎬高阻物崔[illegible]、歐元度、馬程雲低阻物王文達、[illegible]

紀事　五

南开学校校刊《校风》第 30 期上登载的周恩来获作文优胜的报道

1910 年初，年仅 12 岁的周恩来随伯父来到千里之外的东北铁岭，同年秋移居奉天府（今沈阳市），在东关模范学校学习。1911 年暑假，周恩来去一位同学家做客，他们白天参观了日俄战争旧址，感到异常悲愤，“日本人和俄国人打仗，怎么打到我们中国来了，真是欺人太甚！”晚上，周恩来在书房里看到一首杜甫《春望》诗，联想到白天的所见所闻，仿《春望》写了一首《村望》诗：“国破山河在，村残草木深。感时勿落泪，誓叫寇惊心。”

周恩来 13 岁时，在一次修身课上，校长问学生们：“读书为了什么？”有的人回答：“为了给自己将来找条出路。”而周恩来掷地有声响亮答道：“为了中华之崛起！”

1913 年，周恩来随伯父搬到天津，同年考入南开学校。开学之初，

1917 年，周恩来在东渡日本前夕为同学郭思宁题写了“愿相会于中华腾飞世界时”的临别赠言

周恩来就给自己规定了五个“不虚度”：读书不虚度、学业不虚度、习师不虚度、交友不虚度、光阴不虚度。他践行这五个“不虚度”，学习刻苦，成绩优异，国文和数学两门课的学习成绩尤为突出。在全校作文比赛中，他获得第一名；全校笔算速赛，他名列前茅；代数竞赛也得了满分。因品学兼优，周恩来在入学第二年，经众多教师推荐，成为学校的免费生。

学习期间，周恩来阅读了大量课外书籍。他特别喜欢读古今中外思想家的著作，如顾炎武的《日知录》、王夫之的《船山遗书》、梁启超的《饮冰室文集》，还有西方启蒙思想家卢梭的《社会契约论》、孟德斯鸠的《论法的精神》、赫胥黎的《天演论》等。他还阅读了大量宣传革命思想、介绍国外情况的报纸和刊物，如著名报刊《民主报》《民权报》《大公报》《东方杂志》等。通过对这些书籍和报刊的阅读学习，周恩来逐步确立了爱国主义思想和民主主义精神。他在作文《尚志论》中写道："希望者何？志是也。志与希望，实一而二，二而一也……有志在金钱者，其终身恒乐为富家翁；志在得官者，百计钻营不以为耻，此志之害也。故立志者，当计其大舍其细，则所成之事业，当不至限于一隅，私于个人矣。"他在自己主编的《敬业》会刊的创刊词中写道："吾辈生于二十世纪竞争之时代，生于积弱不振之中国，生于外侮日逼、自顾不暇之危急时间，安忍坐视而不一救耶！"在《射阳忆旧》中，他表示愿做"天下之公仆"，为苦难的全中国人民服务。这些文字，把少年周恩来忧国忧民、献身社会的思想感情，表露得真切、深沉。

（二）钢铁誓言，掷地有声——"我认定的主义一定是不变了"

1921 年初春，张申府、刘清扬约周恩来一块儿到德国柏林万赛湖去游览，借此为掩护谈周恩来的入党事宜。同行的，还有"觉悟社"社员赵光宸。

四个人登上一艘小船，赵光宸一边划桨，一边放哨。张申府悄悄地向周恩来介绍了苏联十月革命和布尔什维克主义，讲述了共产主义理论及共产党的性质，使周恩来对共产党的组织、共产党的奋斗目标，有了更深刻的认识。周恩来也谈了自己胸怀救国大志却苦无良策的烦恼，通过和张申府的谈话，认识到共产主义能够救中国，并当即表达了自己想加入中国共产党的愿望。

张申府听了周恩来的话，非常高兴。不久，周恩来经张申府和刘清扬两人介绍，加入了中国共产党八个发起组之一的"巴黎共产主义小组"，时间是 1921 年春天。

1922年3月，周恩来在给国内“觉悟社”社友谌小岑、李毅韬的一封信中说：“我们当信共产主义的原理和阶级革命与无产阶级专政两大原则，而实行的手段则当因时制宜。”周恩来还在给“觉悟社”的另两位社友衫逸和衫峙的信中说：“我认定的主义一定是不变了，并且很坚决地要为他宣传奔走。”信中，他还附了一首《生别死离》的诗：

壮烈的死，苟且的生。
贪生怕死，何如重死轻生！
……
没有耕耘，哪来收获？
没播革命的种子，却盼共产花开！
梦想那赤色的旗儿飞扬，却不用血来染他，
天下哪有这类便宜事？
……
坐着谈，何如起来行？
……

周恩来对他青年时代所认定的“主义”，一直矢志不渝、坚贞不贰，他说到了，也做到了。

（三）信念坚定，尽显决心——“南京，我们一定要回来的！”

周恩来一生到过南京六次，其中抗战胜利后为争取中国持久和平进行的国共南京谈判期间，在南京生活的六个多月，可谓惊心动魄、影响深远。他在谈判桌上据理力争、求同存异，在外事工作中气度不凡、鞠躬尽瘁，给南京人民留下了难忘的记忆。

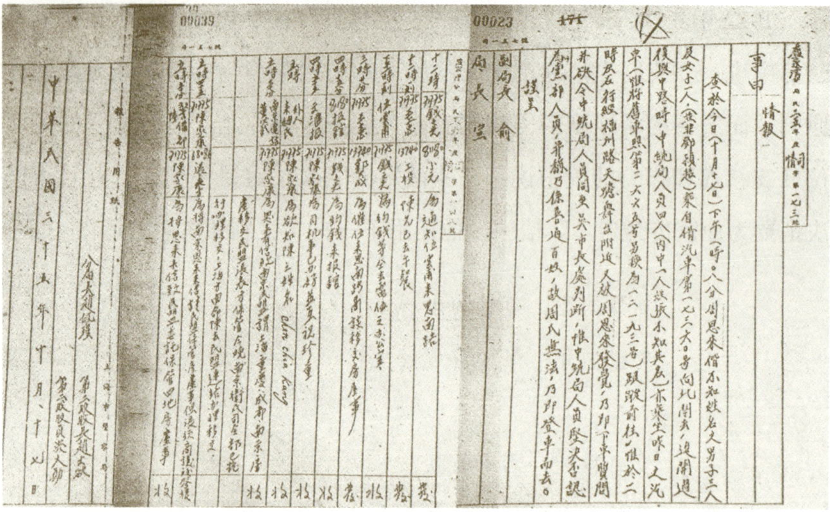

国民党特务每天上报的《监视专报》

抗日战争胜利不久，国民政府还都南京，但内战的阴霾已悄然袭来。为粉碎国民党反动派内战的阴谋，争取这个多灾多难国家的持久和平，周恩来肩负着中国共产党和全国人民的神圣使命和殷殷嘱托，率领中共代表团从重庆赶到南京，继续着手与南京国民党政府进行谈判斗争。

1946 年 5 月 3 日，周恩来和邓颖超、陆定一、廖承志等率中共代表团 100 多人抵达南京，居住于梅园新村。代表团对外称中共代表团南京办事处，对内则称中共中央南京局。谈判的过程异常艰难，斗争的环境也非常险恶。在梅园新村周围不到 100 米的范围内，国民党特务就设置了 10 多个据点，门对门、窗对窗地对中共代表团驻地进行严密的监视。街头巷尾也随处可见特务的摩托车、吉普车，随时准备对代表团成员的行踪进行盯梢。特务们的监视可谓无所不用其极。他们经常化装成摊贩、鞋匠、算卦先生、三轮车夫，整日整夜在梅园新村周围活动。“仿佛在空气里面四处都闪耀着狼犬那样的眼睛，眼睛，眼睛。”（郭沫若《梅园新村之行》）日夜置身于如此险恶的环境，并没有吓住周恩来和中共代表团成员，相反，他们更加坚定了战胜敌人的信心，也更加从容不迫地进行着坚决的斗争。

时间到了1946年11月15日，国民党反动派在南京单方面召开所谓“国民大会”，操纵制定伪宪法，撕毁了政协协议。为坚决抗议国民党反动派严重破坏和平谈判的行径，周恩来和中共代表团决定离开南京返回延安。离别南京之前，周恩来11月16日在梅园新村17号举行了告别性的中外记者招待会。

在这场记者招待会上，周恩来义正词严的答问振聋发聩，周恩来温文儒雅的风度蜚声中外，周恩来身上展现的革命必胜信心和革命乐观主义精神，让许多人终生难忘。

周恩来首先发表了《对国民党召开“国大”的严正声明》，严厉谴责蒋介石召开国民党一党包办的“国民大会”是破坏政协决议，严正指出“这一‘国大’，是违背政协决议与全国民意，而由一党政府单独召开的。中国共产党坚决反对”。“可见这一‘国大’是彻头彻尾一党包办的分裂的‘国大’。”“现在开幕的一党‘国大’，不但使中共及第三方面最近在商谈中的协议成为不可能，并且最后破坏了政协以来的一

南京梅园新村纪念馆

切决议、停战协定与整军方案，隔断了政协以来和平商谈的道路，同时也很快地彻底地揭穿了政府当局十一月八日‘停战令’的欺骗性。”

当记者问周恩来假如国民大会通过对中共“讨伐”令，中共将何以自处时，他笑着回答道:“那有什么不同呢？早就打过了。我们在南京的人，早就准备坐牢的。”“抗战前十年内战，抗战中八年摩擦，抗战胜利后一年纠纷，都经历过了。再过二十年还是如此，我们还是要为人民服务，只要不背叛人民，依靠人民，我们在中国土地上一定有出路的。”

当记者询问国共双方战争的前途时，周恩来精辟地分析为两种前途：一是国民党占领了许多空城，他也要为此付出代价。过去这一年多，国民党已损失了 35 个旅，而我们的主力未受损失。等他损失到总兵力的二分之一时，他所占的城市和交通线就将渐渐地保不住。到那时，就逼着他不得不重新考虑问题。二是国民党既占领了好多地方，也消灭了我们的主力，那就叫胜利。但我可以肯定地告诉你，这种胜利，他们永远得不到。

周恩来在记者会上向大家郑重宣布：由于国民党一党包办的“国民大会”的召开，和谈的大门已被蒋介石关死，他将在两三天内返回延安。当记者追问他什么时候回来，周恩来从容答道：“我们肯定要回来的，有两种可能，一种是请回来，国民党打得一败涂地，必定要再次请求谈判；再一种就是我们打回来，后一种可能性要大得多。”

“南京，我们一定要回来的！”这是周恩来记者会最后给中外记者们留下的强烈印象和深刻烙印。三天后，即 1946 年 11 月 19 日，周恩来率中共代表团成员乘飞机离开了南京，返回延安。仅仅两年零五个月之后，周恩来在南京掷地有声的话语就得到了响亮的印证，由中国共产党领导的中国人民解放军打过了长江，回到了南京，永远结束了蒋家王朝在南京的统治。

二、维护大局篇

（一）着眼大局，全力支持毛泽东

1933 年 10 月，蒋介石调集百万重兵，发动了对中央革命根据地的第五次“围剿”。在“围剿”中，有 50 万敌兵直向中央苏区扑来。为了粉碎敌人的进攻，毛泽东建议：将红军主力开到苏浙皖赣地区，从根本上摆脱敌人的封锁，变战略防御为战略进攻，迫使敌人回援，借以打破敌人对中央苏区的“围剿”。但这个建议未被采纳，共产国际派到中国的军事顾问李德提出了“御敌于国门之外”的单纯防御方针，在战术上，一改红军灵活机动的作战原则，采取了“以堡垒对堡垒”的消耗战。这样，红军完全被束缚了手脚，只能以简陋的武器，与拥有飞机、大炮的敌人面对面地硬拼，结果造成了很大伤亡。

长征开始后，经过浴血奋战，红军终于突破了湘江，但兵力却损失过半，仅剩3万多人。这时，大家都为红军的命运而忧虑，部队的情绪十分低落。谁来挽救红军？在这决定红军生死存亡的时刻，在一个叫作通道的地方，周恩来出席了中共中央负责人会议。会上，毛泽东尖锐地指出，继续开向湘鄂西，将葬送整个红军，只有向敌人力量薄弱的贵州进军，才能摆脱困境，挽救红军。他的意见，得到了多数人的支持，但李德坚持不改变红军行进路线，和毛泽东争吵起来。这时，周恩来用坚定的语气说：“毛泽东的意见是对的，当前，我们必须改变进军方向，西入贵州，红军才有一条生路。”李德一听就火了，对着周恩来大声说：“毛泽东否定我的提议，你周恩来还支持他！”周恩来竭力克制住自己的情绪，耐心地劝说：“李德同志，我们的决策要面对现实，情况变了，

遵义会议旧址

应跟着改变嘛。”“你们不执行原定计划，胆小！右倾！怕死！”李德更生气。一贯镇定自若的周恩来也有些激动了：“李德同志，你的态度好一点！”周恩来坚决支持毛泽东，李德最后只好表示保留个人意见，到了贵州再开会讨论。

1935年1月7日，红军占领了遵义。1月15日至17日，在遵义召开了中央政治局扩大会议。会议首先由博古作报告，他在报告中强调了红军第五次反“围剿”失败的各种客观原因，却掩盖了军事指挥上的错误。接着，周恩来作了副报告。周恩来所作的报告是他自己精心准备的，他在报告中指出，红军失利是由于领导者在战略战术上犯了错误，并主动承担责任，做了自我批评，也批评了博古和李德。张闻天在会议上也作了报告，尖锐地批评了过去中央的“左”倾军事路线。毛泽东接着作了长篇发言，对中央军事路线错误，进行了切中要害的分析和批评，不客气地指责李德只知道纸上谈兵。

毛泽东的发言，引起了激烈的争论，朱德、聂荣臻、彭德怀等人发言支持毛泽东，博古和李德还在为自己辩护。这时，周恩来经过深思熟虑，在会上明确地表态：“我完全同意毛泽东对中央所犯错误的批评，作为指挥这场战争的一个负责人，我毫无疑问应承担责任……我请求中央，让过去在战争中用正确的军事原则、巧妙地击退敌人进攻的人担当指挥，泽东同志无疑应回到红军的领导岗位上来。”

周恩来诚恳的发言，特别是以“三人团”成员的身份承担其责任，有助于会议对“左”倾错误的认识形成共识，进而支持毛泽东的意见。这样，毛泽东重新回到了红军的领导岗位，红军又有了光明的前途。周恩来在遵义会议的态度，具有举足轻重的意义。毛泽东感慨地说：“如果周恩来不同意，这个会开不起来。”“恩来同志起了重要作用。”

（二）肝胆相照，倾心扶持邓小平

“文化大革命”开始后不久，邓小平被“疏散”到江西。为此，周恩来亲自打电话给江西省有关负责人，要求对去江西的老同志做出妥善安排。他特别指出：邓小平夫妇也要到你们那里去。毛主席在“九大”说过，邓小平的问题和别人不同，他下去是劳动锻炼，当然，也不能当劳动力使。他是60多岁的人了，身体也不太好。同时交代，收房费也要照顾一点。

当周恩来得知要把邓小平安排到赣州时，他立即给江西省革委会负责人打电话，说邓小平去赣州不合适，那里离南昌太远，是山区，交通又不方便，条件很差。他已是60多岁的老人了，得个病怎么办？应该把他安排在南昌附近，便于照顾。最好让他们夫妇住一栋两层小楼，楼上他们夫妇住，楼下让工作人员住，最好是独门独院，还能在院里做些活动，又安全。他还指示派人护送邓小平赴江西，保证路上安全，不出问题。

根据周恩来的意见，邓小平一家被安排在南昌郊外新建县拖拉机修造厂，住不远处的南昌陆军步兵学校原校长所住的二层小楼，单门独院，非常安静，上班又近。工厂的负责人罗明表示：“保护邓小平绝对安全，是周总理的指示，我们一定不折不扣地执行总理的指示。”

1972 年 1 月，在陈毅追悼会上，毛泽东说邓小平的问题属于人民内部矛盾。周恩来示意陈毅的亲属把这一消息赶快传出去，以扩大影响。随后，周恩来通知江西省委，立即宣布邓小平恢复党组织生活，就地做一些调查研究活动。周恩来又指示，将邓小平原来的秘书、公务员调回他身边工作。6 月 27 日，周恩来还批示：“邓和卓琳的工资照发。如邓的大儿子（邓朴方）能再施手术，似可让其来京手术。”

在周恩来的精心安排下，邓小平一家于 1973 年 2 月 19 日离开南昌，22 日回到北京。此时，周恩来已积劳成疾，身患癌症。当邓小平夫妇去看望周恩来时，周恩来特别嘱咐卓琳：小平的保健医生，要从吴阶平、吴蔚然两兄弟中选一个，既要有医术保证，更要有可靠人选的保证。

1973 年初，在周恩来亲自主持下，中央政治局多次讨论恢复邓小平职务的问题，并将讨论情况及时报告毛泽东。经毛泽东同意，党中央于 3 月 10 日做出《关于恢复邓小平同志的党的组织生活和国务院副总理的职务的决定》。文件下发到县、团级党委，传达到党内外群众。4 月 1 日，在中央国家机关各部委负责人会议上，周恩来说，邓小平同志身体很好，根据中央政治局的决定，邓小平同志正式参加国务院业务组工作，并以国务院副总理的身份参加外事活动。中央政治局讨论重大事项时，邓小平同志列席。

1973 年 8 月，在中共第十次全国代表大会上，邓小平当选为中央委员。12 月，根据毛泽东的建议，周恩来积极安排邓小平担任中央政治局委员、中央军委委员的任职程序，并亲自草拟了中共中央关于邓小平任职的通知。1974 年 10 月，毛泽东提议，邓小平任国务院第一副总理，这就确定了接替周恩来主持国务院工作的安排。12 月 23 日，重病中的周恩来赶赴长沙，向毛泽东汇报四届人大的筹备情况。到了长沙，周恩来与毛泽东一连进行了四次谈话。毛泽东高度评价邓小平“政治思想强”“人才难得”。毛泽东还采纳周恩来的建议，四届人大召开前，举行中共十届二中全会，补选邓小平为中央政治局常委、中共中央副主席，同时担任中央军委副主席兼中国人民解放军总参谋长、国务院副总理。

1975 年 1 月 13 日至 17 日，四届人大隆重召开。大会批准了周恩来的《政府工作报告》，并决定周恩来为国务院总理，邓小平等 12 人为副总理。2 月 1 日，周恩来主持四届人大后的第一次国务院常务会议，确定邓小平“主管外事，在周恩来总理治病疗养期间代总理主持会议和呈批主要文件”。周恩来对大家说：“我身体不行了，今后国务院的工作由邓小平同志主持。希望新的国务院成立后，出现新的气象，争取今年的第四个五年计划能够完成并超额完成。”

邓小平没有辜负周恩来的期望。四届人大之后，他开始主持国务院的全面工作，立即开始全面整顿，迅速扭转混乱局面，推动了全国工农业生产的发展。住院治疗的周恩来，一直关心着邓小平全面整顿的工作。他对邓小平说：“这一年你干得很好，比我强得多！”这是周恩来对邓小平全面整顿的高度评价和全力支持。

（三）鞠躬尽瘁，毕其一生写忠诚

周恩来用毕生践行着忠诚于党和人民的誓言，他对党的忠诚、对共产主义的忠诚、对人民的忠诚，不仅深深地刻印在脑海里，更直接体现在他为了国家、为了人民、为了民族的命运，日理万机、焚膏继晷、呕心沥血的工作中。

到晚年，周恩来病情逐渐加重，他的身体终于支撑不住了，可他还

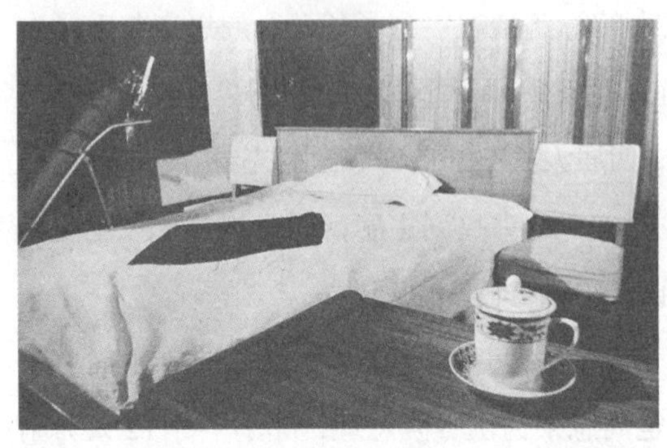
周恩来在 305 医院这间病房里度过了生命的最后岁月

是不顾一切，把全部精力用在工作上。

有一张表格，列出了 1974 年 6 月 1 日 到 1976 年 1 月 8 日去世，周恩来生命的最后 587 天经历：动过大小手术 14 次，平均 40 天一次。在这种情况下，他还与中央负责同志谈话 161 次，接见外宾 63 批，在医院召开会议 20 次，外出看望同志或找人谈话 7 次。

70 多岁高龄的老人，癌症晚期，还能忍受着病痛巨大的折磨，以这样超人的毅力坚持工作，令人动容，世所罕见。“春蚕到死丝方尽，蜡炬成灰泪始干。”李商隐的这两句千古名句，正是对周恩来忠诚党的事业并真正为之奋斗终生的最恰当、最传神的写照！

三、热爱人民篇

（一）“不要使我同群众有距离”

1958 年 7 月 1 日至 7 日，周恩来冒着酷暑高温莅临广东省新会县（今江门市新会区）视察。为了能广泛地接触群众，更多地了解到真实情况，周恩来提出要求：要轻车简从，不要搞迎送，不要前呼后拥。

到了新会，见被安排住在新建的招待所，周恩来当即婉言拒绝。他说：“县委有地方，还是住在县委吧！这里很好嘛！与同志们住在一起，工作方便。”周恩来视察新会的七天时间里，一直住在县委书记的办公兼休息室，睡的是木板床，吃的是县委食堂的普通饭菜。新会县委食堂的炊事员对周总理说：“总理啊，我只会做大锅饭，不会煮小灶呀！”周恩来笑着回答说：“我就喜欢吃大锅饭。”

7 月 2 日午后，周恩来乘车前往大泽区五和乡第二农业合作社视察。出发之前，新会县委安排了两辆吉普车。周恩来再次重申要轻车简从，只能开一辆。新会县委负责人解释说，一辆吉普车坐不下几个人。周恩来说：“坐不下，人可以再少一点嘛。”新会县委立即尽量减少陪同人员，并叫随行人员挤着坐。开车时，周恩来叫工作人员搬来一张小板凳，放在车厢中间，自己坐了上去。

在群众面前，周恩来没有丝毫的官气。周恩来嘱咐地方负责人：“不要使我同群众有距离。”每到一处，他都十分注意与群众保持密切联系。在大学，他亲自动手用牙签把切好的菠萝插好，先送给身边的学员品尝；在农场，他与干部职工在农场门口一棵大树底下，谈生产、谈计划，还亲手捧杯为农场技术员敬茶；在参观葵厂时，他拿起葵扇，给正在烙画的青年工人扇风取凉；临别时，他走到送行工人的后排，与老工人握手话别。此情此景，令在场工人深受感动。视察时，群众都想亲眼看看敬爱的周总理，负责保卫工作的干部正为是否让群众进去而为难。见此情景，周恩来说：“不要紧，我们相信群众，让他们进来吧！”一时间，100 多名群众争先恐后地挤入会议室。

周恩来在人民会堂作形势报告时，门外的群众纷纷朝里探头，有的人干脆走了进去。工作人员怕影响周恩来作报告，就把门关上了。周恩来看到这情景，笑着说：“为什么把我同人民群众隔开来？”于是会场的门全都打开了，门外的群众兴高采烈地走了进去。周恩来作完报告，迈着矫健的步伐走出会场，与等候在外面广场和街上的广大群众见面。他微笑着，频频向群众挥手致意。群众沸腾了，大家使劲鼓着掌。

（二）“为人民服务，应该”

1966年3月8日和22日，邢台地区发生了两次强烈地震。在震中地区，房屋全部倒塌，人畜伤亡严重。灾情牵动着周恩来的心。3月9日，周恩来乘直升机赶到了灾区，晚上在抗震救灾指挥部部署工作时，突然房屋剧烈摇晃，泥土唰唰直落，出现了较强的余震。众人急切地说：“总理，离开这里吧！”周恩来看看墙壁，见余震已经过去，便说：“没什么，继续谈吧。”就在这震裂了墙壁的房中，周恩来一直工作到深夜2点钟。

3月10日，周恩来视察了受灾最严重的隆尧县白家寨公社白家寨大队。这时，地上还在喷沙冒水，余震一阵接着一阵，可周总理根本不管这些，迈开大步，跨越一条条尺余宽的地面裂缝，穿过一道道随时都可能倒下来的断壁残垣，哪里有群众就到哪里去，哪里有危险就在哪里出现。开会的时候，周恩来总是让群众背风坐着，自己顶着大风讲话。整整一天，周恩来一直在讲话和走路，连饭也顾不上吃。工作人员和当地干部多次建议他停下来吃饭、休息，他都说：“回去吃饭，回去休息。”从早晨5点到晚上9点，他一口饭没吃，一分钟没停，连续工作了16个小时。

周恩来来到耿庄桥，听说村里还有重伤员，立即指示派飞机送往石家庄治疗。在东汪，周恩来一个帐篷一个帐篷地去看望就医的伤员。有一位老人在地震中被砸成重伤，周恩来走到他的病床前时，他挣扎着要起来，周恩来赶紧按住他，俯下身握住他的手说：“不要动。你伤在哪里？好些了吗？”老人颤抖着说：“好多了，要不是毛主席派解放军来，我……”

周恩来说："解放军是为人民服务的，我也是为人民服务的，我们都是人民的勤务员。为人民服务，应该，应该。"

（三）"关心工人，事故就少；不关心，事故就多"

作为"人民公仆"的周恩来，他心里装的是人民群众，牵挂的是人民群众的疾苦。

1956 年 4 月，国务院常委会讨论关于职工伤亡事故报告规程时，有关部门谈到旅大市的两艘渔船沉没，原因是渔业公司的领导对群众的生命安全不负责任：见物不见人，那个通知开头不是让他们迅速转移到安全地带。周恩来听后极为气愤，迅速责令有关部门起草安全生产的指示，他强调："关心工人，事故就少；不关心，事故就多。"

1958 年 7 月 18 日，正在上海市郊视察的周恩来，得知黄河花园口出现特大洪峰，流量每秒达 2.23 万立方米，黄河大堤面临决堤的危险。危急时刻，他立即飞临黄河上空，视察水势。一下飞机，他立即听取汇报，批准"不分洪战胜洪水"的意见。接着，他又到大桥上视察，指示解放军工程兵把在洪水期抢架黄河浮桥作为一项战备训练任务。他冒雨涉水来到黄河岸边，指挥抗洪抢险。在郑州黄河铁路桥工地视察时，他脱下外套，与一万多名群众一道拉纤。在周恩来的组织指挥与模范作用的带动下，广大军民众志成城，连续战斗，终于创造了奇迹，修好了黄河铁路大桥，京广线上又重新响起了悦耳的火车汽笛声。

著名艺术家乔羽听了这个故事之后，夜不能寐，激动地写出了《黄河纤夫曲》歌词："背负青天，面朝黄土，为了伟大的中华民族，承担起一身重负，几代人的坚定脚步，几代人的铮铮铁骨，几代人的壮志雄图：不让百姓再受苦，要让人民享清福。看那云霞灿烂处，走来了我们黄河纤夫。”乔羽笔下的“纤夫”，写的既是周总理，也是劳动人民和一切创业者、建设者，因为，周恩来心里永远装着人民群众，人民群众也永远和周总理在一起。

四、卓越领导篇

（一）客观调查“跃进号”事件

1963年4月30日，我国自己制造的第一艘万吨级远洋货轮“跃进号”，满载着玉米和矿石从青岛港首航日本。这艘货轮，肩负着开辟中日海上航线的重任，周恩来对此高度重视，“跃进号”成了国内外的关注点。

5月1日下午2点钟，周恩来接到交通部关于“跃进号”下午1点55分发出“我轮受击，损伤严重”的求救紧急密电。周恩来立即电令海军派军舰营救，同时指示交通部领导，准许船员接受海上异国船只的救助。5月1日晚上，“跃进号”沉入海底，59名船员被日本船只救起，

“跃进号”远洋货轮

送回上海。

事发当天，日本一家广播电台发布消息称："跃进号"首航日本途中沉没。新华通讯社想发表声明，周恩来非常慎重，他彻夜未眠，反复思考。5月2日晨，他向正在杭州的毛泽东报告了"跃进号"沉没事件，并表示：为慎重起见，"待情况弄清后，再发表声明"。

随后，周恩来决定成立一个专门小组调查此事。他四次约请有关负责人来谈"跃进号"沉没事件。

5月8日，周恩来主持专门会议，讨论关于"跃进号"沉没事件的声明和进行现场潜水调查的问题。会议同意调查小组关于沉船原因"极大的可能性是触礁"的判断。

5月9日，周恩来再次向毛泽东报告沉船事件的调查情况和处理意见，并提出要亲自到上海调查处理。

5月12日，周恩来冒着浓雾，乘飞机到达上海。在听取东海舰队和上海海难救助打捞局准备工作的汇报后，他明确指出：我们在调查"跃进号"沉没原因时，一定要实事求是，要有科学态度。他对东海舰队的负责人说："跃进号"沉没事件，已成为国际事件了。对于这样的大事，我当总理的要抓，你们这些当司令、当政委的也要亲临第一线，不能只是交代第二把手、第三把手去办。主要领导干部不但要亲临第一线，还要善于抓住关键性的问题不放，一抓到底。

他还进一步强调：对于重大问题，我们主要领导干部一定要亲自出马，这要成为一条规矩。

在上海第六研究所，周恩来看望了打捞人员，并对每一个关键环节进行检查。他首先到指挥舰的水中探测仪室，亲自摇动回音操纵柄，仔细辨别各种不同的声音，并语重心长地说："能不能找到'跃进号'，

就看你们声呐兵了。”接着，他又来到报务班，关切地询问：“万一军舰受损，没有电了，你们能不能向北京发报？”他要求准备好手摇发电机，以防万一。他还意味深长地说：“这是我们第一次远离大陆到公海去作业，各种情况都可能发生，你们要及时报告中央，通讯中断了那可不行。”

最后，周恩来走到潜水加压试验舱前，一位潜水员已在潜水舱内，技术人员向总理报告已开始加压了。周恩来神情专注地观察潜水员的变化，不时拿起电话与潜水员通话，问，反应如何？感觉怎么样？

看完试验，周恩来又指示：一定要保证潜水员的安全，注意休息，调整好营养。

5 月 13 日上午，周恩来检阅东海舰队出海的编队舰只，对出海的力量配备、通讯联络、水下作业、后勤保障等，都详细询问，要求把所有可能遇到的困难都设想到，甚至对别的国家会不会有冒险行动，都要估计到。海军编队出海，后方的整个东海舰队和空军战机也要进入临战状态，以应付可能出现的任何情况。同时，他又对东海舰队的干部和出海船员说，“跃进号”极大可能是触礁沉没，但这是不是符合实际，要由你们到现场进行调查，做出最后的结论。

当晚，周恩来同有关领导研究海、空协同问题。他再次强调：分析“跃进号”沉没的原因，不能用“大概”“可能”，一定要有充分的证据。

在周恩来亲自指挥、周密部署、精心安排下，这次出海潜水调查取得了圆满成功。经过潜水员多次观察，取回资料，又经过专家们反复研究，最后认定：“跃进号”是因为驶离航道，触礁沉没的。这样，就否定了“被鱼雷击沉”的猜测。

新华社于 6 月 3 日根据实地调查研究后所做出的可靠结论，发表声明：“经过周密调查，已经证实‘跃进号’是因为触礁而沉没。”这一声明，充分显示了中国共产党人实事求是的科学态度。

1960 年 12 月 15 日，我国邮电部发行了特 32“中国制造第一艘万吨远洋货轮”邮票

（二）部长们最“怕”的人

周恩来是个温文尔雅、轻易不发火的人，但是，如果你问问那些老部长他们最“怕”谁，他们准会告诉你，最“怕”周恩来。他们“怕”的是周恩来对工作极端认真、细致、务实、负责的态度。

周恩来最见不得部长们对本部门的工作情况不了解和工作马虎。遇到这种人，他毫不留情。有的部长最怕总理问数字、问具体情况，有时，需要当面向总理汇报就带上有关的司局长乃至处长。

见到这么庞大的汇报班子，没等开始汇报，周恩来就会沉下脸来：“这是做什么？搞祖孙三代同堂？胡闹！”

有的部长带个助手坐在身后，周恩来就严肃地说：“汇报工作还要问二排议员，这是不允许的！”

有一次周恩来主持国务院会议，到会者来自几十个部委、百十号人。一位部长念着稿子汇报工作，稿子可能不是他本人写的，加上紧张，他念得磕磕巴巴的。

越听，周恩来的眉头皱得越紧。当这位部长念到一个指标数字时，周恩来没好气地打断他：“不对！看清了再念！”那位部长脸都红了，吭哧吭哧地又念了一遍。

周恩来毫不容情地又说了一句：“不对！”接着，他没翻任何材料，就说出了准确的数字。全场都震惊了，响起了一片翻纸的哗哗声。

那部长把稿子翻来覆去地看了一遍，不安地说："对对，是这个数。这里印得不清楚……"

接着汇报的是一位副部长，没等开始汇报，就浑身冒汗了。好容易熬过了念稿子，周恩来又开始提问，他忙前忙后地翻材料回答。还算不错，问题都答上来了。但周恩来并没有表扬他，仍很严肃地说："对于自己主管的工作，离了材料就说不清，这是不允许的。"说完这话，他又问先前那位部长："这些文件送国务院时都是盖过章的，说明经你们审阅过，为什么还会念错？"

部长红着脸解释："这项工作是副部长主持，文件是办公室主任签的字。"

周恩来紧接着问："那么，这里的问题到底是制度不健全还是责任心不强？官僚主义！"部长没有作声。

周恩来接着说："有制度问题。有些文件质量很差，可也盖了章送到我这里，我批了退回去重写。"

他提高了嗓音："现在我宣布一项明确规定，凡是向党中央国务院送文件，不能只以盖章为准，要有部长负责人、各委办直属局负责人签字才能送。这样，以后我在文件上发现问题，部长签字我找你部长，副部长签字我找你副部长。你签了字，问你情况答不上来，那就是官僚主义，就必须做检讨！"

（三）关心南京"小红花"艺术团

1957年，南京市文化和教育部门组建了一个以小学生为主的"小红花"艺术团，这是全国首创的集文化教育、艺术教育与舞台表演于一体的少儿艺术学校，小演员们都是从全市各小学选拔出来的，他们在老师和艺术家们的精心辅导和培训下，表演很出色，影响也越来越大。

1971 年 6 月 5 日，周恩来陪同外宾到南京参观访问，当晚观看了“小红花”艺术团的表演。节目很丰富，演出也很精彩，周恩来看了很高兴。演出直到深夜 11 点半才结束。回到宾馆后，周恩来又继续忙着处理公务，一直到第二天凌晨 1 点半，这时，他把秘书钱嘉东叫到身边，说：“‘小红花’的演出很好，我看了很高兴。有几条意见，请转告艺术团的老师们。”

钱嘉东听了，用笔将这几条意见记下：

第一，要注意孩子们的身体健康。整场节目多了，演出时间长了，把孩子们搞得很疲劳。

第二，歌唱节目中，乐器的音响太强，像一道“音墙”，把孩子们的童音盖住了，有点儿“喧宾夺主”。

第三，唱京剧《智取威虎山》中《共产党员》选段的那位小演员，音调定得太高，容易把孩子的嗓子唱坏。小小年纪把嗓子搞坏了，长大了怎么办？

第四，舞蹈《大桥颂》有四句报幕词：“蓝蓝的天空飞彩霞，一道彩虹江上架。一头连着天安门，一头连着亚非拉。”长江大桥有那么长吗？艺术允许夸张，但不能过分，不能讲大话，还是实事求是好。

第五，舞蹈《全世界人民团结起来》，一个小演员代表一个国家，肤色不同，服装不同。举着火炬穿工装的那个小演员是中国人，为什么人群中还有一个穿西藏民族服装的小演员？别的国家一个代表，中国有两个代表，这样不合适，要防止大国沙文主义嘛！

这五条意见，体现了对孩子们的关心，更体现了周总理实事求是的工作作风。一年后的 1972 年 4 月 6 日，周恩来陪同马耳他国家元首到南京访问，再次和外宾一起观看了"小红花"艺术团的表演。周恩来兴致勃勃，看得非常入神，他一边用手跟着演出的节奏轻轻敲打着拍子，一边对他感到满意的节目不时点头微笑。

演出结束后，周恩来陪同外宾走上舞台，祝贺孩子们演出成功。孩子们争着和周恩来握手，临分别时，孩子们一起放声呼喊："伯伯再见！伯伯再见！"

五、严于律己篇

（一）"十条家规"和"过五关"

建国初期，不少故乡亲友都想找周恩来谋个一官半职，为此，周恩来曾专门召集家庭会议，定下"十条家规"：

> 一、晚辈不能丢下工作专程进京看望他，只有在出差路过时才可以去看看；
>
> 二、外地亲属进京看望他，一律住国务院招待所，住宿费由他支付；
>
> 三、一律到国务院机关食堂排队就餐，有工作的自付伙食费，没工作的由他代付；
>
> 四、看戏以家属身份购票入场，不得享用招待券；
>
> 五、不许请客送礼；
>
> 六、不许动用公车；
>
> 七、凡个人生活中自己能做的事，不要别人代劳，自我服务，生活要艰苦朴素；

八、在任何场合都不能说出与他的关系，不要炫耀自己；

九、不谋私利；

十、不搞特殊化。

“十条家规”虽然没有一句豪言壮语，却每一句话都坦荡无私，每一个字都掷地有声。

1964年8月，周恩来在外地的一些亲属恰巧都因公停留在北京。8月2日，周恩来抓住这次难得相聚的机会，抽空在中南海西花厅召集了一次“小家庭”会议。8月10日，周恩来再次召集家庭会议。在这次特别的会议上，周恩来语重心长地教育晚辈要过好“五关”——思想关、政治关、亲属关、社会关和生活关。

周恩来首先讲到要过好思想关。他认为，必须树立正确的宇宙观，掌握马克思主义的唯物论和辩证法。他说，思想方法不对头，看一切问题都会看不准，甚至会颠倒是非。所以，一个人要活到老，做到老，学

忆伯父、伯母多年来对我们的
教育与要求

我们从小在伯父、伯母身边长大、成人，几十年来，俩位长辈对我们生活上的关怀、思想上的启迪、品格的培养，以及作风的锤炼，都付出了大量的关爱与心血，视如己出，使我们感到亲切、温暖，也促使我们不断地努力上进与自强，处处以他们为榜样，做好自己的本职工作，不辜负他们对我们的培养与教育。

伯父、伯母对我们的教育与要求，都是在日常生活中点点滴滴、随时随地而为，并没有集中起来订出若干条家规，现将这些教育与要求回忆归纳如下：

一、在外面不要讲与他们的亲属关系，“要做个普通老百姓、普通劳动者。”

二、“不能因为伯父是国家总理，你们就有任何特权思想，更不能要求特殊照顾，这是我们共产党与其它政党的不同所在。”“无论上学、工作和生活，都要靠自己的努力，要自我奋斗，革命要靠自己。”注意培养我们的自立能力，防止产生对家庭的依赖思想。公家的汽车不能接孩子。

三、要充分认识我们的封建没落官僚家庭的思想观念，对我们家就是一个威胁，在思想上潜移默化的影响，要随时随地主动改造自己。人要活到老、学到老、改造到老，思想上要不断地严格要求自己。“我常领会要向无产阶级投降。”

四、要求我们选择专业和工作，都要从国家利益出发，以国家需要为标准，教育我们尽量到基层、到边疆、到最艰苦的地方去。

五、教育我们要艰苦朴素、刻苦工作，不能讲吃讲喝，更不能追求享受。他们常说：当年我们干革命，随时准备牺牲，从来没想到建立政权后当什么官，想起几十年来牺牲的那么多战友与同志，我们是幸存者，还有什么权力不全心全意地为人民服务呢？

六、不能在伯父、伯母这里解决家庭以外的任何问题，不要替人带信，更不能替人告状。我们不该看的不要看，伯伯的办公室，不可随便进，我们不该听的不要听，有人来谈工作，孩子们一律回避。

七、中南海周末常有电影，凡有内部（尚未公开放映）电影，孩子们都不要去看，住校的孩子星期天在回学校上晚自习，家里有多么精彩、好的戏票，也不许不回学校；要养成遵守纪律的良好作风。

八、教育我们兄弟姐妹之间，要互相帮助，当我们孩子参加工作后，伯母与我们大家分工，分别资助经济上有困难的弟弟妹妹。

九、要求我们晚婚晚育，在择偶问题上，他们提倡考虑人品性格外，更要考虑有共同的政治目标，避免政治上的麻烦，鼓励在少数民族地区工作的……安家，共同改变边疆的落后面貌，促进民族团结。

十、要求我们对秘书、工作人员要有礼貌，要由衷地去招呼。

十一、我没指望住院时，因当时“组织上”的规定，而不让经常看望，只能通过电话交谈，仍念念不忘教育我们做好本职工作，为党的事业，为国家的强盛，为民族的兴旺而努力奋斗。

周恩来对亲属的十条要求

到老，改造到老。

接着，周恩来又讲了如何过政治关的问题，教育大家要站稳无产阶级的政治立场。

在讲到过亲属关的时候，周恩来使用了“投降”二字。他说：“我们是出身于旧家庭的，我要带领你们向无产阶级投降。”“‘投降’这两个字不大好听。20年前延安整风时，文艺界人士也怕听这两个字。后来，朱总司令讲话，对自己的前半生做了自我批评以后，说：‘我现在才投降无产阶级。’那些人听了，才考虑到应该向无产阶级投降。否定封建的亲属关系，不是消灭他们，而是改造他们，拖着他们跟无产阶级走，把他们改造成新人。”

然后，周恩来又讲了过社会关。他说，我们中国这个社会极其复杂，我们都有改造社会的任务。在这个社会里，旧的封建的资本主义的习惯势力，很容易影响你、沾染你、侵蚀你，如果失去警惕，这些东西就会乘虚而入。所以改造社会的任务是很艰巨的，你能把社会改造好，自己也就得到了改造。所以过社会关要有精神准备，要有长期奋斗的决心。

最后，他特别嘱咐亲属要过好生活关。他说生活关分两种：物质生活和精神生活。物质生活方面，要使艰苦朴素成为我们的美德。这样，我们就会心情舒畅，才能在个人身上节约，给集体增加福利，为国家增加积累，才能把我们的国家更快地建设成为一个社会主义强国。精神生活方面，我们应该把整个身心放在共产主义事业上，以人民的疾苦为忧，以世界的前途为念。这样，我们的政治责任感就会加强，精神境界就会高尚。最后，周恩来对晚辈们强调：“这五关中，一头一尾，‘思想关’和‘生活关’最为重要。”

通过这场别开生面的家庭会议，周恩来不仅以一个普通家长的身份谆谆教导大家要过好这五关，同时他还以共和国总理的身份严格教育自己的家庭成员要以身作则。

（二）“艰苦朴素是我们共产党人的本色”

周恩来作为一国总理只求不显。在外交、公务场合，他是官，而在生活中，在他内心深处，他是一个最朴素的平民。

周恩来的一套睡衣是 1951 年做的，20 多年间，他穿破了就补，再破再补，白底蓝格的线布已经磨成无绒无格的白布了。他到外地甚至出国，穿的还是这件睡衣。有一次，周恩来出访，我国驻外使馆有位同志看到他穿的衣服太破旧了，就用自己的工资买了件新的送给他，周恩来没有接受。周恩来身边的工作人员多次提出要给他添置新衣，他总是和颜悦色地说，“旧的还可以穿嘛。”“穿着补丁衣服照样可以接待客人。”并教育工作人员，“艰苦朴素是我们共产党人的本色”。

周恩来去世后，侄女周秉德找伯母邓颖超要件最破旧的衣服做纪念，邓颖超把周恩来那件非常破旧的睡衣拿了出来，睡衣上面补了几十个补丁，用手绢、毛巾、纱布各种材料，补了又补。在场的人看后无不动容。

（三）“你们千万不要重复我的这个错误”

周恩来在中南海西花厅的住房和办公室都是旧式建筑，房子年久失修，油漆脱落了，窗户裂着大缝子，用纸糊着，光线又不足，夏天潮湿，冬天很冷，很有必要翻修一下。为此，工作人员多次提出修缮的问题，但都碰了钉子。周恩来说：“当年的袁世凯、段祺瑞都能在这里办公，而我们共产党人住进了中南海反而就要翻修，这不是自毁名声吗？”对于此事，周恩来逢会必讲：“贪大、求洋、讲排场，这不是共产党人的作风，坚持艰苦朴素才是共产党人的本色。”

1959 年初，周恩来出差在外两个月，那段时间邓颖超也没在北京，周恩来的秘书何谦趁此机会向办公室主任童小鹏报告，希望对西花厅做一些维修。周恩来办公室和国务院机关事务管理局的同志共同商量后，决定对周恩来的住房略作修理，粉刷了一下墙，铺了地板，更换了窗帘。

周恩来回京后，对此事非常生气，当即批评了相关人员，还责令办公室主任做了检讨。虽然他也知道工作人员是为他的健康着想，但他念念不忘“赴京赶考”的约定。于是，他毫不客气地要求管理人员马上把所铺的地板和新装的窗帘统统换回原来的样子，然后自己付了维修费。

事后，周恩来还主动在国务院召开的会议上几次做检讨，向到会的副总理和部长们说：“你们千万不要重复我的这个错误。”他说：“我身为总理，带一个好头，影响一大片；带一个坏头，也影响一大片。所以，我必须严格要求自己。”

（四）“一定不能收”

1960 年，某省领导送给周恩来一些鱼。周恩来知道后，让工作人员给这位领导去电话，指出这样做不对。

有一次，周恩来的前任秘书龙飞虎送给他一筐橘子，当时的市价是 25 元，可周恩来却让人给他寄去 50 元。办事的人感到为难，周恩来说：“多余的钱让他自己处理，这样，以后他就不再送了。不这样制止不了他！”果然，龙飞虎以高出一倍的价钱“卖”给了周恩来一筐橘子，以后就再也不敢给老首长送东西了。他说：“送东西就等于敲总理竹杠，谁还敢送啊！”

1962 年，党中央在北京召开 7000 人大会，淮安县委书记邵凤翥、

淮安周恩来纪念馆内仿北京中南海西花厅

副书记王纯高是会议代表。赴京参加会议之前，县委常委中有人提出，周恩来经常惦记着家乡，但一直没时间回来看看，是不是顺便带些家乡的土产给总理尝尝。也有人提出，去年曾经给总理送了一些土产，总理和邓大姐虽勉强收下，却付了 100 元，并写信批评了我们。

商量的结果是，大家觉得可以采取折中的办法：少带一点，带最有特色而又最不花钱的。大家决定带点茶馓。茶馓是淮安的特色茶食，创于清朝后期，松酥香脆、独具风味。为防止碰碎，他们还特地做了一只白铁皮桶盛放。

到北京后，邵、王两位书记把茶馓送到总理办公室。秘书说总理从来不收礼品，劝他们把东西带回。两位书记再三解释，说这不是礼品，是家乡炸的馓子，不值钱，不过是家乡人民的一点小心意。秘书无奈，只好暂时代收。两天后，邵、王两位书记被电话召到江苏省代表团秘书处，总理办公室的这位秘书一边把茶馓退给他们，一边再三解释说：“你们的心情总理完全理解。但总理说，茶馓一定不能收。为了这点茶馓，你们用白铁皮做桶子，也是浪费……”

两位书记沉默半晌，最后对秘书说：“这样吧，既然已经带来了，不好再带回啊，千里迢迢一片心呐，就照收粮票、照收钱，请你给总理带去吧！”

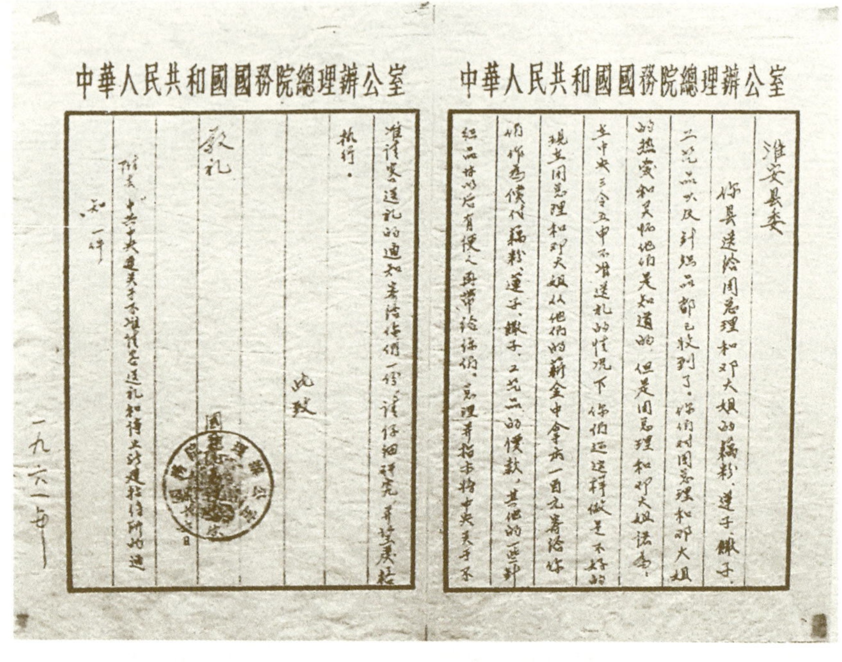
中華人民共和國國務院總理辦公室

淮安县委

你县送给周总理和邓大姐的藕粉、莲子、椒子、工艺品以及针织品都已收到了。你们对周总理和邓大姐的热爱和关怀他们是知道的，但是周总理和邓大姐认为：在中央三令五申不准送礼的情况下，你们还这样做是不好的。现在周总理和邓大姐从他们的薪金中拿出一百元寄给你们，作为偿付藕粉、莲子、椒子、工艺品的价款，其他的一些针织品将以后有便人再带给你们。总理并指示将中央关于不

中華人民共和國國務院總理辦公室

准请客送礼的通知寄给你们一份，请仔细研究，并坚决执行。

此致

敬礼

附：中共中央关于不准请客送礼和停止新建招待所的通知一件

一九六一年

1961 年，淮安县委送了一些家乡特产给周恩来。国务院总理办公室按照周恩来的意见写了一封信给淮安县委，从周恩来和邓颖超的薪金中拿出 100 元偿付土特产的价款并随信寄了一份《中共中央不准请客送礼和停止新建招待所的通知》

秘书笑着说：“你们的想法，我早就给总理说过，不行。你们过去不是送过一次莲子、藕粉吗？总理付了钱，你们这次又来了。要是再收下来，以后还会有人送的。总理再三嘱咐：一定不能收。还叫我带了一份文件，要你们好好学习……”说着，递给他们一份中央关于不准请客送礼的文件，上面有周恩来亲自用铅笔写的批示：请江苏省委、淮阴地委、淮安县委负责同志认真读一下，坚决照中央文件精神办。

两位书记仔细读着周恩来的批示，看着手中的文件，拿着没能送出的茶馓，心里十分感动，这样的严于律己，这样的廉洁奉公，真是出乎常人意料，令人敬佩啊！邵凤翥、王纯高两人请求秘书转告周总理：“感

谢他老人家对故乡干部的教育，我们要以总理为榜样，发扬党的好传统、好作风。我们一定记着、永远记着……”

参考资料

1.习近平：《在纪念周恩来同志诞辰120周年座谈会上的讲话》，《人民日报》2018年3月2日。

2.娄勤俭：《在江苏省纪念周恩来同志诞辰120周年座谈会上的讲话》，《新华日报》2018年3月3日。

3.王燕文：《让周恩来精神展现出永久魅力和时代风采》，《群众·大众学堂》2018年第2期。

4.王家云、黄明理、邵广侠：《周恩来精神》，中央文献出版社2018年版。

5. 王永祥、刘品青：《为了中华之崛起——周恩来青年时期的生活与斗争》，天津人民出版社 1980 年版。

6. 中共江苏省委宣传部等联合编写：《学习周恩来精神读本》，南京大学出版社 2012 年版。

7. 张佐良：《周恩来保健医生回忆录》，上海人民出版社 2008 年版。

8. 中共中央文献研究室第二编研部编著：《人民总理周恩来》，贵州人民出版社 2009 年版。

9. 中共新会市委党史办公室编：《周恩来在新会》，中央文献出版社 1998 年版。

10. 石仲泉、陈登才主编：《周恩来的故事》，红旗出版社 2006 年版。

11. 顾保孜：《周恩来最后 600 天》，中国青年出版社 2016 年版。

12. 刘梦婷：《永葆共产党人政治本色——学习习主席在纪念周恩来同志诞辰 120 周年座谈会上的重要讲话》，《解放军报》2018 年 3 月 13 日。

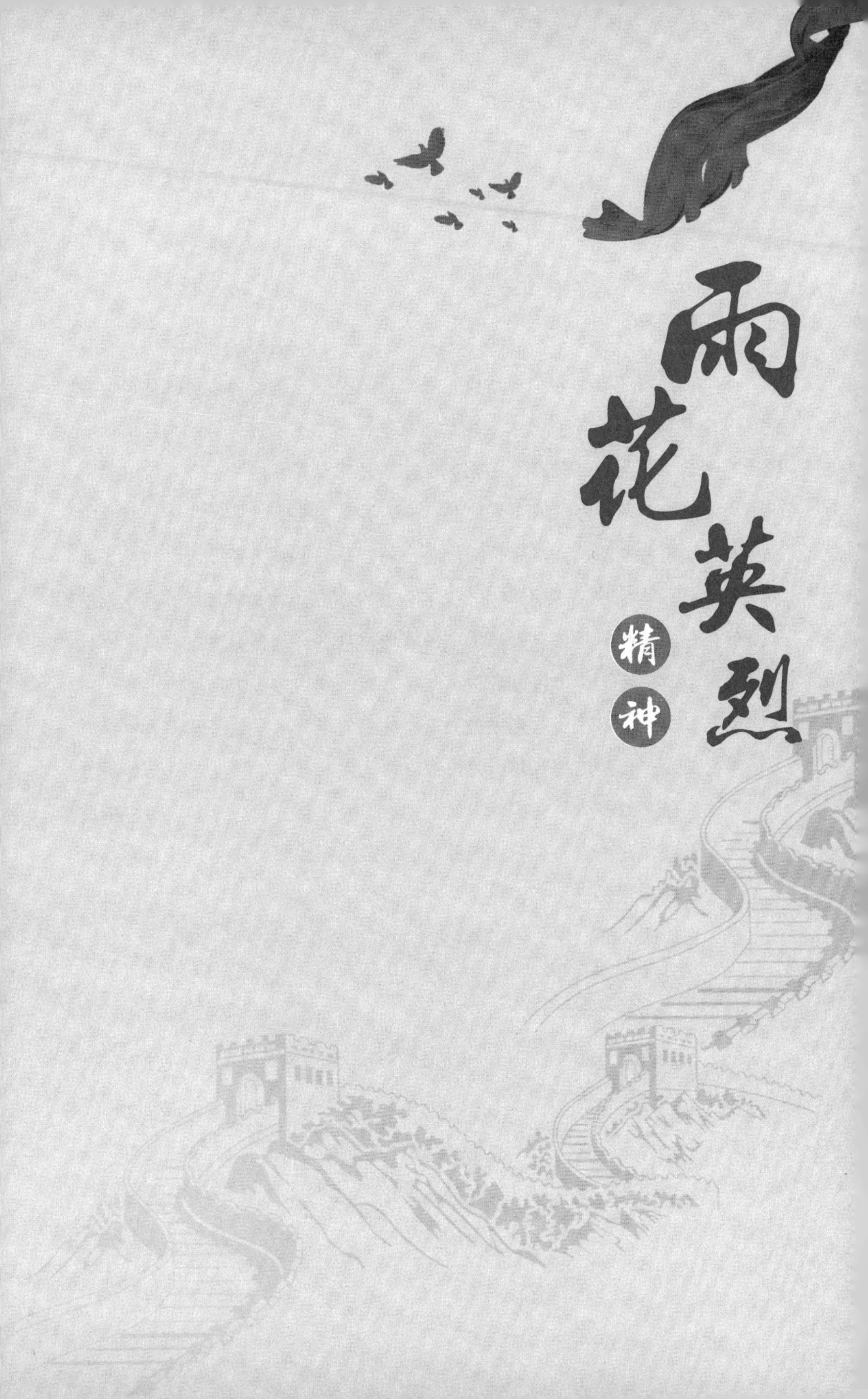
雨花英烈
精神

南京雨花台，古称玛瑙岗、聚宝山，是一座美丽的山冈。然而，在1927年以后的一段岁月里，这里却成了国民党反动当局屠杀共产党员和革命志士的刑场。新民主主义革命时期，在雨花台以及在南京狱中和南京其他地方被内外敌人杀害的共产党人和爱国志士，以及在外地牺牲、中华人民共和国成立后迁葬到雨花台的革命烈士成千累万，已知姓名的有1519名，平均年龄不到30岁，其中30岁以下的约占60%。革命先烈前仆后继地英勇牺牲，换来了中国革命的胜利。他们抛洒在雨花台的殷殷鲜血，浇灌了新中国的崭新土地。人民共和国的历史丰碑上永远铭刻着先烈们光辉的名字和光荣的业绩。他们的事迹展示了共产党人的崇高理想信念、高尚道德情操、为民牺牲的大无畏精神。雨花台烈士的英勇事迹和崇高精神告诉我们，中国共产党因为中国人民谋幸福、为中华民族谋复兴而建立、而奋斗、而胜利；中国共产党因为中国人民谋幸福、为中华民族谋复兴而充满道义、充满自信、充满力量；中国共产党因为中国人民谋幸福、为中华民族谋复兴而先进、而纯洁、而光荣。

雨花英烈群体身上展现出的以“两高一大”为主要内涵的伟大精神，在历史的漫漫长河中独树一帜、熠熠生辉。他们是党的初心和使命的光辉体现者和忠诚践行者。他们以自己的英勇牺牲，鲜明真实地诠释了党的初心和使命。不忘初心，牢记使命。缅怀雨花先烈们的初心，弘扬雨花英烈精神，将激励新时代中国共产党人担当起历史使命，朝着让人民过上幸福美好的生活、实现中华民族伟大复兴的目标奋勇前进。

一、雨花英烈精神的孕育

雨花英烈精神的孕育源于中国共产党人为中国人民谋幸福、为中华民族谋复兴的初心和使命。这一精神的实践基础是中国人民和中华民族改变自己命运的强烈诉求，它的精神渊源则是生生不息的优秀传统文化，而它的特征就是运用马克思主义基本原理改造中国的革命精神。

（一）积贫积弱的国家为雨花英烈精神孕育铸就救国救民的红色基因

1840年鸦片战争，在西方帝国主义的船坚炮利下，中国国门洞开，天朝尊严落地。西方殖民主义者蜂拥而至，泱泱中华国土被宰割、利益遭瓜分，一步步走向国土沦丧、亡国灭种的深渊。特别是甲午战争大败，“成中国之巨祸”。甲午一战惊醒了中国的知识分子。深受中国传统文化精华熏陶的他们，以民族振兴为使命，向西方寻求真理，为中国寻找出路，前仆后继地成为自觉承担时代使命的社会力量。

资产阶级维新派仿效日本实行君主立宪制的百日维新以流血失败告终。辛亥革命虽然推翻了统治中国几千年的君主专制制度，但从根本上看，既未能铲除帝国主义和封建势力在中国统治的根基，也没有改变中国深层的社会结构，更没有改变中国半殖民地半封建的社会性质。宋教仁喋血火车站，二次革命烽烟再起，此后袁世凯称帝，张勋复辟，护法战争，直皖战争……战火不断，民不聊生。

如何救中国？如何拯救处于水深火热中的民众？这些问题深深困扰着有识之士。“五四”时期，各色各样的“主义”蜂拥而入。五四运动以后，社会主义思潮成为新文化运动的主流。那个时候的中国，社会主义名号之下，统括着马克思主义、无政府主义、工读主义、新村主义、基尔特主义、合作主义、泛劳动主义。主义与主义之间相去往往甚远，但对于为中国社会寻求出路的人们来说，都是同样富有吸引力的救世真义。各种各样的主义寄托着各色各样的信仰，都汇聚过有志于救治世病的知识分子。这其中就有早期的共产党人。周恩来同志早年在谈到自己选择信仰参加革命的初衷时说：“我开始的社会主义思想是乌托邦的。不过因为我自小吃过苦，懂得生活之艰难，所以很短时间内，就转变到马克思的唯物主义了。”

中国共产党人的使命产生于近代以来严重的民族危机，产生于先进中国知识分子固有的拯救民族危亡的责任感和使命感。时代的使命让雨花英烈精神具有了救国救民的红色基因。

（二）马克思主义为雨花英烈精神孕育注入科学与先进的优秀基因

五四运动前后传入中国的种种社会主义思潮虽曾一度汇成涌流之潮，但在短短几年之后就波平浪静了，只有马克思主义在风雨之中扎根于中国社会。毛泽东说：“十月革命一声炮响，给我们送来了马克思主义。”他以文学语言描绘了中国人接受马克思主义同十月革命的关系。这种关系其实是一个时代的人们经过比较和选择的结果。例如，1919 年底成立于北京的“工读互助团”，在当时的知识界产生过广泛的影响。聚集于其中的人们，有志于“平和的经济革命”，以实现“各尽所能，各取所需”的社会理想。他们的工读实践曾激起过许多热血青年的希望和憧憬，但从第二年秋天开始，这种和平改造社会的试验就在内外交困中一步一步溃散了。空想社会主义不断失败，而十月革命的成功却证明了马克思主义的力量。吴玉章说，那个时候读到约翰·里德写的《震动环球的十日》，“通过这本书，我了解到我们北方邻国已经建立了一个社会主义国家，建立了一个劳农政府，伟大的俄国人民已经摆脱了剥削制度，获得了真正的自由解放。从前我在法国接触了社会主义各种思想流派，深深为社会主义理想所吸引。今天这个理想居然在一个大国内开始实现了，心中感到无限兴奋和鼓舞”[①]。他接触过各种社会主义，而在俄国胜利的是科学社会主义，这不仅是一种理论，而且是一种成功的事实。此时，巴黎和会中国外交的失败，彻底暴露了西方公理的强权本质。在这种情况下，“以俄为师”成为中国早期马克思主义者的共识。

马克思主义在中国广泛传播，直接促使了中国共产党的诞生。中国共产党的成立给因辛亥革命失败而迷茫的中国人民带来了光明和希望，为他们的斗争开拓了通向胜利的新航道，为雨花英烈精神孕育注入了科学和先进的优秀基因。虽然在当时的中国政治舞台上中国共产党还只是一个很小的政党，全国仅有 50 多名党员，但它犹如一个新的革命火种点燃了沉沉黑夜的中国大地，并最终站在了历史舞台中心。

---

① 吴玉章：《回忆五四前后我的思想转变》，《五四运动回忆录》（上），知识产权出版社 2013 年版，第 7 页。

二、雨花英烈精神的内涵

大多数雨花英烈出生于19世纪末20世纪初，是接受马克思主义的先进知识分子。他们加入中国共产党，并成为这代人中为信仰牺牲的共产党人。雨花英烈的英勇事迹和壮丽人生凝铸了“两高一大”为主要内涵的雨花英烈精神。

（一）崇高理想信念是共产党人永恒不变的初心

共产党人的理想信念是什么？马克思说：“如果我们选择了最能为人类福利而劳动的职业，那么，重担就不能把我们压倒，因为这是为大家而献身；那时我们所感到的就不是可怜的、有限的、自私的乐趣，我们的幸福将属于千百万人，我们的事业将默默地、但是永恒发挥作用地存在下去，面对我们的骨灰，高尚的人们将洒下热泪。”① “为人类福利而劳动”就是共产党人崇高的理想信念。中国共产党人的初心与使命与共产党人的理想信念是一脉相承的。共产党人的理想信念有着共产主义、马克思主义的理论内涵，有着共产党人不懈追求的奋斗目标、坚不可摧的意志支撑和安乐徜徉的精神家园。

1. 雨花英烈崇高理想信念因初心而确立

雨花英烈中最多的是共产党员，大多出生于19世纪与20世纪之交。他们是建党早期的那一代共产党人的代表。他们怀揣家国梦想，为救国图存、国富民强而接续奋斗、上下求索，在俄国十月社会主义革命胜利鼓舞下，在“五四”反帝爱国运动推动下，在反复比较和推求中，他们

① [德]马克思、恩格斯：《青年在选择职业时的考虑》，《马克思恩格斯全集》（第四十卷），人民出版社1995年版，第459页。

接触并接受了马克思主义，选择了科学社会主义，自此，确立了共产主义远大理想，并把它作为自己的崇高使命和毕生追求。今天，我们从他们的牺牲过程和留下的遗书中，可以看出他们的人生理想，那就是为社会、为大众。他们个人所表达的理想，就是中国共产党的伟大初心和使命——“为中国人民谋幸福，为中华民族谋复兴”。这是雨花英烈的人生写照，也是那一代中国共产党人的精神。

恽代英在 1919 年 5 月 19 日的日记中写道：“国不可以不救。他人不去救，则唯靠我自己。他人不能救，则唯靠我自己。他人不下真心救，则唯靠我自己。明知无可倚赖，偏要倚赖他人，否则怪他人不足倚赖，自己却不下真心做，此其所以为亡国奴之性根。”罗登贤说：“我个人死不足惜，全国人民未解放，责任未了，才是千古遗憾。”冷少农是党在隐蔽战线上的英雄，公开身份是国民党军政部部长办公室秘书，真实身份是中共中央派驻南京情报中心小组长。他写给母亲的那封长达 14 页 5000 余字的信，为人们所熟知。其中，他写道：“你老人家和家庭中一切人过去和现在的痛苦，我是知道的，但是无论怎样的苦，总不会比那些挑抬的、讨田耕种的、讨饭的痛苦。我因为见着他们这样的痛苦，我心里非常的难过，我想使他们个个都有饭吃，都有衣穿，都有房子住，都有事情做。”冷少农把共产党人革命初衷展示得那样透彻而真实。当年，共产党人的奋斗牺牲，就是为了让老百姓“都有饭吃，都有衣穿，都有房子住，都有事情做”，与今天中国共产党宣示的“人民对美好生活的向往，就是我们的奋斗目标”高度契合。

牺牲在雨花台的共产党人，无论出身富家还是家境贫寒，无论是担任党的重要领导职务还是普通党员，热爱人民、解救人民、造福人民是他们投身革命、选择信仰、奋斗牺牲的逻辑起点和根本动因。

2. 雨花英烈崇高理想信念因初心而远大

为改变中国积贫积弱的面貌，在中国共产党人之前，中国社会的不同阶级从各自的立场出发，进行了不懈的探索。但他们的努力最终都没有成功，其中一条重要的原因，就是他们存在阶级局限性，太平天国运动和义和团运动的领导者农民阶级提不出具有远见的斗争纲领；资产阶级维新派不可能代表广大人民的利益；领导辛亥革命的民族资产阶级提不出一个能广泛动员占全国人口绝大多数的工农大众参加革命运动、彻底反帝反封建的政治纲领。而上海共产党早期组织起草的《中国共产党宣言》明确提出了“共产主义者的目的是要按照共产主义者的理想，创造一个新的社会”。中共一大通过的《中国共产党第一个纲领》直接制定的革命目标是“推翻资本家阶级的政权”，“承认无产阶级专政，直到阶级斗争结束，即直到消灭社会的阶级区分”，“消灭资本家私有制”。

在中国革命的征途上，建立社会主义制度和实现共产主义的远大理想始终是漫漫长夜中的灯塔，曲折道路上的指引。在共产主义信仰的引领下，雨花英烈坚信无产阶级的真理，坚信自己从事的事业是正义的，坚信“杀了我一个，自有后来人”，坚信“最后的胜利是属于我们的”。

雨花台烈士，许多是知识分子出身。雨花台烈士纪念馆陈列了 179 位烈士的生平事迹，他们中有 120 人具有师范以上的学历，占 67%。一个人受教育的程度某种意义上是其身份地位的象征，接受良好教育是一个人日后发展的重要资本。但为了心中的理想，为了人民的幸福，那些知识分子出身的共产党人，毅然放弃了这些来之不易的机遇和资本，走上了荆棘丛生的革命道路。许包野烈士就是这一烈士群体的光辉典范。许包野，出身华侨商人家庭，先后留学法国和德国，懂得法、德、俄、奥等六国语言，获得博士学位，学识渊博，本可以一生衣食无忧。但这一切并没有成为他的羁绊，他一直忘我地奔波在革命的征途上。1931 年，许包野受共产国际派遣，回到阔别 11 年的祖国，他在家只住了 10 天，就前往厦门。10 月，中共中央正式任命他为厦门中心市委书记。江苏省委接连遭到敌人破坏。1934 年 7 月，中央调许包野担任江苏省委书记，组建新的省委。10 月，河南省委受到破坏，中央又把他调到河南任省委书记。1935 年 2 月 20 日，许包野在开封被捕，不久被押解到南京国民党特种监狱。狱中，许包野遭受了钉竹签、灌辣椒水、刀扎、火烙等残酷的重刑折磨，牺牲时年仅 35 岁。对于严酷的革命斗争，许包野早有准备，他曾经说：“共产主义事业需要付出代价，需要付出许多人的鲜血和生命。”临刑前，他留下了这样一段话，表达了共产党人对宏伟理想的憧憬和追求：“你我失去一人之生命，或许可以将新中国的诞生提前一个小时；万千同仁牺牲生命，则理想之国近在咫尺。”

在雨花台的烈士名录中，有着黄埔背景的人占据了相当一部分：恽代英、邓演达、金佛庄、胡秉铎、冷少农、徐楚光、谢士炎、高文华等。假如他们放弃自己的理想与信念，全力效忠当权的校长蒋介石，那一定会有高官厚禄、荣华富贵。但他们却为了一个宏大的信念选择了一条荆棘丛生路。他们甘于清贫、不畏艰险，成为那个时代的军中翘楚。恽代英是我党早期的卓越领导人之一，是著名的革命理论家与宣传战线领导人，参加领导了南昌起义和广州起义。起义失败以后，恽代英没有灰心丧气。他对周围的同志说：“世界上没有一帆风顺的革命，挫折是不可避免的，要经得起挫折。只有不怕失败的人才是能取得胜利的人。”“俗话说，‘秀才造反，3 年不成’，假如我们造 30 年反，决不会一事无成的。”“我们的理想社会主义、共产主义实现了，那时世界多么美妙，也许那时年轻人不易领会我们走过的难以想象的崎岖道路，我们吃尽了苦中苦，而

我们的后一代则可以享到福中福。为了最崇高的理想——共产主义，我们是舍得付出一切代价的。”胡秉铎，出身于贵州榕江的一个富裕家庭，家境殷实。在黄埔军校期间，他多次给家中去信，动员父母变卖家中的房屋、田地和山林，救济贫苦农民。他说，不久的将来崭新的社会将会来到人间。四一二反革命政变后，胡秉铎不幸被捕。牺牲前，在给家人的书信中他说：“儿已失去自由，望家中不必挂念，干革命总是要有死难的，为布尔什维克而死，虽死犹生。”当年的黄埔军校有一副对联：“升官发财请往他处，贪生怕死勿入此门。”这样的理想境界，在当初狂热追随蒋校长的许多学生身上消失了，而在那些不惜抛头颅、洒热血的共产党人身上却得到了一种升华。

理想是否远大，一个重要的衡量标准，就是能不能摆脱个人利益、眼前利益、局部利益的羁绊，义无反顾地朝着实现大多数人的利益、最终实现共产主义的目标奋勇前进。站在信仰的角度重新审视历史，参加一大的13名代表中，王尽美、邓恩铭、何叔衡、陈潭秋因革命牺牲；李汉俊和李达在中共一大不久后便脱党；刘仁静和包惠僧从脱离革命走向对立面，再到“迷途知返”；张国焘沦为叛徒，陈公博和周佛海变成汉奸；坚持到革命胜利，最后站上天安门城楼的是毛泽东和董必武。陈公博，他带着功利心态加入共产党，更多的是考虑个人的前途，叛变在所难免。周佛海1924年秋脱党，投入蒋介石怀抱，并攻击共产党。抗日战争时期，周佛海又成了汪伪重要成员。抗战即将胜利，他又开始与蒋介石暗通款曲。像这种奉行“有奶便是娘”人生哲学的人，从根本上与共产党人的称号格格不入。当时有的人以加入政党作为谋出路的方式，有的人则在各种不同主义中间摇摆不定，只有那些坚定信仰马克思主义，并抱定决心经受血与火的考验的人才是真正的共产党人。理想信念迥异，人生道路必定有霄壤之别。

3. 雨花英烈的崇高理想信念因初心而坚定

中国共产党的理想信念，以马克思主义为理论指导，以追求中国人民幸福和中华民族复兴为价值取向，以实现全人类的幸福为最终的目标，闪耀着真理和道义的光辉。雨花英烈大多数是20世纪二三十年代入党，除少数是在1927年之前牺牲于北洋军阀孙传芳统治时期及南京沦陷时期，绝大多数牺牲于南京国民政府统治时期的1930—1934年和1948—1949年。这两个阶段，中国革命充满危机，前途未卜。雨花英烈却毅然活跃在敌人腹地。他们在关键时刻、生死关头，坚信并坚守了自己的政治选择。

牺牲时53岁的朱克靖，是雨花台烈士中的年长者。他“五四”时期就读于北京大学，1922年加入中国共产党，1923年，受党委派到苏联学习，1925年，参加北伐，担任国民革命军第三军党代表兼政治部主任。在北伐的征途上，他曾经对前来投靠他的堂侄说：“你跟我干，不要准备发财。”对新婚不久的妻子说：“与我结婚就不要指望做官太太，也不要指望发财享福，而要准备吃苦。”南昌起义之后，他随起义部队南下广州失败，与党组织失去了联系。据家人回忆，其间他流落到北平，隐姓埋名租了一块土地。有一次，他挑菜到城里去卖，碰到白崇禧。白崇禧问他说：克靖兄，你怎么沦落到这个地步，变成卖菜的一个菜农了？你到我这里来吧，我们过去都是同事，你的军衔也不会低。朱克靖说：让我种地可以，让我死也可以，但是让我给国民党做工作不行。1938年，朱克靖重新回到了党组织怀抱。抗日战争时期，他担任过新四军政治部顾问兼直属战地服务团团长。解放战争时期，任新四军秘书长兼山东军区联络部部长。为分化瓦解敌军，根据党中央指示，1946年1月朱克靖成功促成国民党新编第六军起义，改编为华中民主联军。然而，到这年年底，军长郝鹏举再次反水，重新投靠蒋介石，为邀功诱捕了朱克靖。被捕以后，蒋介石三次请朱克靖吃饭，要他投靠国民党方面，朱克靖不为所动。据后人回忆，身陷囹圄的他，曾坚定表示：我有两个生命，一个是我自然的生命，一个是我的政治生命。我的自然生命我可以结束，我的政治生命却是不可以背叛的。1948 年秋，朱克靖被害，时年 53 岁。临刑前，他挥笔写下绝命诗："此生早许国，被卖作楚囚。壮士非无泪，不为断头流。一颗为民心，万古终不泯。身心献党国，一死何足愁。"

16 岁的袁咨桐，是雨花台烈士中年龄最小的，贵州赤水人，著名的晓庄十烈士之一。他在晓庄师范读书期间加入共青团，多次参加革命活动，先后 3 次被捕。1930 年 8 月，他最后一次被捕。他的老师、贵州著名教育家黄齐生专门从贵州赶来营救，找到了同为贵州籍的首都卫戍司令谷正伦，要他手下留情。谷正伦要袁咨桐写一份悔过书，遭到袁咨桐的严正拒绝。在国民党军队当团长的二哥也来信劝他悔过。在狱中，袁咨桐给他的二哥写了一封信，信中写道："一个人到了不怕死的地步，还有什么顾虑的？有了这种舍己为公的奋斗的精神，还怕理想事业不能成功？"最后，当局对这位坚定的年轻革命者下了毒手。按当时法律，16 岁还不能处以死刑，法庭就在袁咨桐的年龄上做了手脚，将 16 岁改为 18 岁。1930 年 9 月 17 日，袁咨桐在雨花台英勇就义。

袁咨桐是著名的晓庄十烈士中的一员。晓庄十烈士是一个年轻的烈士群体。十人中，两人 23 岁，三人 22 岁，其他从 16 岁到 20 岁各一人；有七人是共产党员，党龄大多 2—3 年，还有两名是 1929 年在校期间入团的共青团员。他们参加党团组织，都在四一二反革命政变后。他们都是在 1930 年国民党当局查封晓庄师范时先后被捕的。他们参加革命活动之时，正是大革命失败、白色恐怖甚嚣尘上的黑暗日子。作为在校学生，他们完全有理由躲避这场严酷的斗争，更有理由回避入党入团这样一种充满政治风险和生命风险的选择。对此，唯有理想信念的力量才能解释。

理想信念，说到底是一个真信与否的问题。真信，不是有口无心的泛泛表态，不是顺风顺水时的漂亮说辞，更不是口是心非的巧言令色，而是关键时刻、生死关头对自己选择的坚定和坚守。“试玉要烧三日满，辨材须待七年期。”雨花英烈大多出身富贵，并不是为生活所迫投身革命。他们牺牲前，或受尽酷刑折磨，或被许诺高官厚禄、荣华富贵，或以人生之道、夫妻之情来软化，或以一念之差、生死永别来恐吓，但是他们都毅然选择用生命来捍卫自己的信仰，始终保有信念与忠诚，以彻底的牺牲践行自己的初心。马克思说过：“不被收买，是最高的政治美德。”雨花英烈就具有这样的政治美德。

（二）初心滋养高尚道德情操

道德情操指道德情感和操守的结合，是构成道德品质的重要因素。道德情操的核心就是价值取向。中国共产党是一个为中国人民、全人类谋福利的群体。其价值标准就是利国利民。雨花英烈中不少人家境相当殷实，个人境遇良好，处于当时社会的上层，但他们心中始终装着伟大的革命理想，装着处于水深火热中的劳苦大众，面对眼前的安乐、可及的富贵和到手的钱财，不留恋、不动心、不伸手、不挥霍，排斥虚荣，洁身自好，不为利诱，俭以为公。与刀光剑影面前的慷慨赴死一样，利益面前的取舍和抉择同样展示了共产党人高尚的道德情操。

1. 雨花英烈都具有仁爱精神

为人民服务，是中国共产党人初心的核心。它是对仁者爱人、民本思想等优秀民族文化的继承，更是对马克思主义基本立场的遵循，也是马克思主义中国化的最重要的价值追求和实践形态。习近平总书记指出："坚持以马克思主义为指导，核心要解决好为什么人的问题。""人民立场是中国共产党的根本政治立场，是马克思主义政党区别于其他政党的显著标志。"为人民服务、以人民为中心，凝聚着中国共产党人的初心和全部使命。

人民立场是雨花英烈的根本立场，为民情怀是雨花英烈不变的初衷。考察雨花台烈士生平，可以发现，他们对国家和社会的思考，往往源于对身边群众遭受压迫剥削和欺凌的关怀和同情；他们接受马克思主义，在于马克思主义所秉持的人民立场；他们为革命奋不顾身，是因为人民让他们找到了奋斗牺牲的价值所在；他们面对敌人慷慨陈词、大义凛然，是人民让他们正义在胸，充满力量。

陈景星，出生在辽宁海城的一户农民家庭，少年时，全家节衣缩食供他读书，得以初中毕业。1927年秋，母亲抵押了家中的几亩地，供他上了省城的高中。两年后，陈景星考入金陵大学，三个月后，他在学校加入中国共产党。1930年6月，当时"左"倾冒险错误占统治地位的中共中央，提出了夺取一省或数省革命的首先胜利，部署7月在南京等中心城市举行暴动。中共南京地下市委根据中央指示，成立了市行动委员会，陈景星为委员。为此，他放弃了暑期回辽宁老家看望母亲、妻子和幼女的打算，留在南京参与领导暴动的准备工作。他知道，暴动是血与火的战斗，是要有牺牲的，他做好了为革命献身的准备。6月3日，在即将投入血与火的战斗的前夕，他给远在数千里外的母亲写了一封情长意深、可歌可泣的诀别信。他写道："母亲，你对我的爱，对我的体贴，那是使我时时不能忘记的。你为我受了多少累，吃了很多苦，甚至于被债主们逼迫，处处你都代表着慈母的爱！”“时时你都盼望着儿子成名，能治起家来，能给你们争脸。然而慈母爱儿的亲热，我能如何报答呢？”陈景星庄严地回答：“我常想，我若是读了很多书，不能为社会上被践踏的人类谋些幸福，那我怎能对得起母亲呢？怎能对得起母亲疼儿一场呢？”短短的几句话，显示了一位真正共产党人以解放苦难同胞为己任的伟大胸怀和高尚品德。他最后深情地与母亲诀别，交代后事，说：“你不要因为我的事情又增加了多少愁和痛苦。母亲，你应当好好管教景文（指陈景星的弟弟陈景文）成人，他们要比我更能孝敬你啊，要比我更能长时期地围绕着你。”就这样，陈景星义无反顾地投身到残酷的阶级斗争中去。8 月 25 日，陈景星、石璞等共产党人在南京相继被捕入狱。9 月 4 日，牺牲在雨花台。

2. 雨花英烈都有以天下为己任的担当精神

担当精神是共产党人从历史中继承的优秀品质。雨花英烈以改造中国为己任，在实现民族独立、人民解放和国家富强的道路上探索前行，在波澜壮阔的革命中勇立潮头，在腥风血雨的环境中砥柱中流，堪称时代的先锋、革命的先锋。他们以自己的行动诠释了中国共产党对国家、民族和人民的担当。

邓中夏，出身官宦世家。1915 年，21 岁的他，考入长沙湖南高等师范学校文史专修科。1917 年，随父进京，考入北京大学文学系。在校期间，取得公派出国留学资格，并获得民国政府商务部工作机会。在“五四”大潮面前，他全然放弃唾手可得的所有这一切，毅然走上救国救民的革命道路。1919 年，邓中夏参与组织了伟大的五四运动。他是 5 月 4 日天安门举行学界大示威的倡议者和学生队伍的带领者，参加了火烧赵家楼的壮举，“五四”期间曾担任北京中等以上学校学生联合会宣传股主任，参与领导北京和全国的反帝爱国运动，成为五四运动中很有威望的学生领袖之一。1920年10月，邓中夏协助李大钊，成立了北京共产党早期组织，李大钊任书记，邓中夏分管学生运动和青年工作。1921年，邓中夏代表北京党组织到上海，参与了中共一大的筹备工作。他是中国共产党最早的党员之一。作为中国共产党初创时期的重要领导人，他是这一时期中国工人运动的领袖。爆发在20世纪20年代著名的工人运动，都与邓中夏这个闪光的名字联系在一起。1922年8月，他直接参与领导了长辛店铁路工人大罢工；1922年10月，他参与领导了开滦五矿大罢工；1923年，参与发动了京汉铁路工人大罢工，1200公里铁路停运，全线2万余工人参加罢工；1925年，组织发起了上海日本纱厂反日大罢工，22家纱厂、4万余工人参加罢工；1925年6月，他与苏兆征等人一起组织、发动了省港大罢工。大革命失败后，邓中夏调任中共中央秘书长，负责处理中央日常事务。他参加了在汉口召开的八七会议，会上，当选为临时中央政治局候补委员。1927年担任中共江苏省委书记。1928年2月又接任中共广东省委书记。1928年6月赴莫斯科参加中共六大。会后，任中共中央驻共产国际代表团成员。1930年回国，担任中共湘鄂西苏区特委书记和红二军团政治委员。自“五四”时期投身革命到最后牺牲，邓中夏一直战斗在革命的最前沿，英勇无畏，忘我为党工作。他被捕后，敌人曾挑拨说：你是共产党的老前辈，现在却要受莫斯科回来的小辈欺压，图什么？邓中夏回答：“这是我们党内的事，你有什么权利过问？一个患深度杨梅大疮的人，有资格嘲笑偶尔伤风感冒的人吗？”在牺牲前，他给党组织留下了这样一句话：“就是把邓中夏的骨头烧成灰，邓中夏还是共产党员。”真是浩气凛然，铁骨铮铮。

像邓中夏那样的家庭出身、个人经历、斗争实践和崇高精神，是那一代共产党人形象的一个集中代表。在他们心中，推翻帝国主义、封建主义的黑暗统治，拯救灾难深重的国家和水深火热的人民，就是生命的全部。1928 年，邓中夏在共产国际工作时，在档案表格的专业或职业一栏里，用俄文工整地填着自己的职业——职业革命者。这是那个时代才有的称谓，也是那一代共产党人慨然担当品格的生动写照。

一个坚定的共产党人的精神世界中，慨然担当是必不可少的精神品质和政治品格。怕失去、怕吃亏、怕挫折、怕牺牲不可能为党和人民的事业冲锋陷阵，不可能忠贞不渝，革命到底，战斗到底。伟大源自奋斗，担当才能前行。正是由于无数像雨花英烈一样的共产党人为了祖国、为了人民，顽强奋斗，无私奉献，中国人民和中华民族才能从挫折走向胜利，从苦难走向辉煌。

3. 雨花英烈都具有无私的奉献精神

克己奉公是共产党人的重要精神品质和行为特征。高文华，黄埔军校第三期毕业生，1925 年加入中国共产党，同年参加讨伐军阀陈炯明的东征战役，任连党代表。东征途中，父亲替他在胶济铁路找了份月薪 60 块大洋的工作。高文华不为所动，在写给父亲的信中说："我是一个革命者，怎能受钱的牵动呢？老实说，山东有 600、6000 一月的事，我都不做"，要做"使天下穷苦人将来吃饱穿暖的事。"曾担任中共华中第十地委社会部部长的任天石，21 岁从上海中国医学院毕业，并获得行医执照。西安事变后，面对国难当头、外侮日甚的时局，他毅然弃医从戎救国难，组织一支江南人民抗日自卫队。他认为："做个医生，只能救命；若要救民，必先救国。"他放弃了优越安逸的生活，跟大家一起过着艰苦的生活，变卖家产，交给部队充当经费。1947 年 1 月，任天石被捕。在狱中敌人多次劝降，许以高官或准其继续行医，任天石不为所动。他写信给党组织郑重申明，“我不会忘记党的”，“我始终会像信笺一样洁白”。

生活方式和情趣，对多数人来说，属于私事、私德。但对肩负为多数人谋幸福的共产党人来说，则关乎形象和大节。共产党人应保持艰苦奋斗优良作风。在权、色问题上，共产党人要做到“手莫伸”。伸手了，形象就没有了，初心也慢慢消磨了，最终丢弃了。恽代英是被叛徒顾顺章出卖的。顾顺章，曾经是中央特科负责人。1931 年 4 月 24 日顾顺章被捕，当晚即叛变。被押解到南京的第二天，就向特务机关指认了中共领导人之一的恽代英。顾顺章叛变的原因是多方面的，其中一个原因就是自由散漫，在担任党的重要领导职务期间，就对古董发生兴趣，萌生退意。被顾顺章出卖的还有向忠发。向忠发，1922 年加入中国共产党，在 1928 年 7 月召开的中共六届一中全会上当选为中央政治局常务委员会主席。和顾顺章一样，向忠发蜕化变质，腐化堕落。他私用党的经费，住洋房，养小老婆。1931 年 6 月 22 日被捕，随即叛变，他对敌人说：“你们不要问，我什么都说。”当时与他一起被捕的还有他的新婚妻子、妓女出身的杨秀贞，杨秀贞虽然知道向忠发的政治身份，但不承认，而身为中共主要领导人的向忠发先叛变了。对此，周恩来曾怒斥向忠发：“气节不如一个妓女。”顾顺章和向忠发，都是工人出身的共产党员，也都为革命做过一些工作，但最后却成为革命的叛徒，与他们后来的蜕化变质有极大的关系。面对执政考验、改革开放考验、市场经济考验、外部环境考验四种考验，尤其是执政和市场经济的考验，今天的共产党员面临的利益诱惑要比当年多得多，更需要认清并处理好是与非、义和利、美与丑、荣和辱的关系，保持先进和纯洁。

（三）初心支撑为民牺牲的大无畏精神

“人民幸福”“民族复兴”，作为共产党人的初心是光荣伟大的，作为奋斗目标是宏伟美好的。然而它绝不是轻轻松松、敲锣打鼓就能实现的。毛泽东在《湖南农民运动考察报告》中说过：“革命不是请客吃饭，不是做文章，不是绘画绣花，不能那样雅致，那样从容不迫，文质彬彬，那样温良恭俭让。革命是暴动，是一个阶级推翻一个阶级的暴烈的行动。”习近平总书记带领十九届中央政治局常委瞻仰中共一大会址时强调：“只有不忘初心，牢记使命，永远奋斗，才能让中国共产党永远年轻。”革命奋斗必然有牺牲。牺牲是成就党和人民事业的必要条件，也是共产党人革命精神最为真实、最具说服力的体现。

雨花英烈有一个共同的名字，那就是“牺牲者”。雨花英烈用生命诠释了信仰的力量，用鲜血印证了共产党人是用“特殊材料”制成的。他们以不怕牺牲、视死如归的精神，为国家独立、民族解放、人民幸福慷慨捐躯、舍生取义。面对家庭误解，面对利益诱惑，面对白色恐怖，在亲情、友情、爱情和国家民族大义之间，他们做出了毅然决然的人生选择。特别是大革命失败后，革命事业进入低潮，他们勇敢面对生与死的考验，无惧严刑与屠刀，置个人生死于度外，以感天动地的牺牲精神，塑造了烛照千秋的英雄群像。可以说，雨花忠魂镌刻的是“牺牲”二字，书写的是舍“小我”铸“大我”的人生答卷，展现的是中国共产党人敢于牺牲的崇高品质和大无畏的革命精神。

雨花台烈士中有刘少奇的第一位夫人何宝珍，她和刘少奇共同生活了十年，先后生下两子一女，因时局维艰、环境恶劣，三次都忍痛割爱送人。1933年被捕后，在狱中，她对难友坚定地说：“干革命还顾得了这些？！人民不解放，我的孩子们也得不到幸福，但愿小宝贝们能在艰难的环境活下去，等革命成功后，建设我们的新国家！”据同狱难友夏之栩回忆，她在狱中与狱外党组织联系被发现后，面对敌人的重刑审讯，她说了一句："要杀就杀。”“要杀就杀”这四个字不是出自一个毛头小子，而是一位有思想的知识女性，是充满柔情的、32岁的年轻母亲。没有坚定的理想信念，没有对未来社会的大爱，她是不会丢下自己的三个尚未成年的孩子从容走向死亡的。

“生还何处寄萍踪，骤雨狂风肆逞凶。几度铁窗坚壮志，千番苦战表精忠。丹心贯日情如海，碧血雨花气若虹。三十一年生死别，遗篇再读忆初逢。”这是曾担任中央纪律检查委员会副书记、监察部部长、内务部部长、中共贵州省委第二书记等职的钱瑛，在1959年再版丈夫谭寿林遗著《俘虏的生还》时写下的一首诗。这首诗，壮美瑰丽，情真意切，再现了当年中国革命的严酷环境，倾吐了共产党人的大爱和忠贞。其中“丹心贯日情如海，碧血雨花气若虹”中的一个“气”字，把共产党人的正气、浩气、丈夫气、英雄气表达得淋漓尽致。这是一个为人民奋斗无怨无悔的共产党人的豪迈心声。

1928年，在上海担任全国海员总工会秘书长、全国总工会秘书长的谭寿林，与同在这里工作的钱瑛相识，这一年的10月，两人结为夫妻。1929年初，他们结婚未满百日，刚有身孕的钱瑛被党组织派往莫斯科学习。在此后的两年间，谭寿林写信130余封，并寄去国内的书报，平均每个月要写四五封信。1931年初，根据组织安排，钱瑛回国。此时，国内形势异常紧张，她只得把女儿留在苏联。回国后不久，党组织决定派钱瑛和谭寿林一起到洪湖苏区去工作。就在他们准备出发的时候，中共上海工会组织突然遭到破坏，谭寿林留下来处理善后工作，钱瑛独自一人前往洪湖苏区。此一去，夫妻竟成阴阳两隔。1931年4月，因叛徒出卖，谭寿林在上海被捕，5 月 30 日牺牲于雨花台，年仅 35 岁。在狱中，谭寿林记挂着未竟的事业、妻子的安危和从未谋面的女儿，饱含深情给钱瑛留下这样一段话：“亲爱的，我们未竟的事业，我们满心憧憬的未来，还有我们的孩子，只有靠你一人去奋斗了，但请相信，在看得见你的地方，我的眼睛和你在一起。在看不见你的地方，我的心和你在一起。”钱瑛到达到洪湖苏区不久，就得知丈夫被捕的消息，直到 1942 年，她才得知，丈夫早在 11 年前已经牺牲。中华人民共和国成立后的 1951 年，已经失去丈夫的钱瑛又得到一个噩耗，他们留在苏联的女儿也早已不在人世。谭寿林牺牲后，钱瑛再没结婚。

在大革命失败后，中国共产党人以前仆后继、擎旗不倒的革命勇气和不屈精神，将自己的初心显示得无比光辉璀璨。八挫八起的南京地方党组织堪称典范。

南京党组织的第一次遭到破坏，发生在四一二大屠杀前夜的凌晨，此后的破坏平均不到一年就有一次，其中第一次破坏到第二次破坏、第五次到第六次破坏只有不到三个月时间，除了两次间隔一年以上外，其他破坏事件间隔都在一年以内。一些党组织的负责人上任不久就遭到逮捕，从上任到牺牲，时间极为短暂。比如，第一次破坏中牺牲的谢文锦，是 1926 年 8 月担任南京地委书记，1927 年 4 月 11 日凌晨被捕，不久牺牲，前后时间为八个月；第三次破坏中牺牲的南京市委书记孙津川，1928 年 3 月从上海到南京任职，同年 7 月被捕，10 月牺牲，从任职到牺牲仅仅七个月时间；第四次破坏中牺牲的南京市委书记黄瑞生，1929 年 4 月上任，5 月 19 日即被逮捕，仅仅一个月时间；第六次破坏中牺牲的南京市行动委员会书记李济平，1930 年 7 月 15 日任职，当月 29 日被捕，时间还不到半个月；第七次破坏中牺牲的南京特委书记李耘生，1931 年 11 月到任，

1932 年 4 月被捕，时间为五个月；第八次破坏中牺牲的顾衡，1934 年年初，担任南京市委负责人，8 月被捕。这些烈士，从任职到被捕，都没有超过一年时间，其中多数没有超过半年时间。这一组数字表明，他们中的每一个人都清楚，自己的赴任，存在极大的牺牲几率。求安避险，是人的本能，但作为共产党人，革命就是他们的使命和责任，容不得他们躲避和退却，明知山有虎偏向虎山行，他们不能回避。只有随时准备牺牲成为一种精神状态，才能使他们在最危险的时候，勇敢面对，沉着应对，慨然前往，不辱使命。

牺牲，就两个字，但没有非凡的勇气和意志是难以做到的。也正因为如此，革命先烈才是人们心目中的英雄。共产党人不是不珍惜生命。邓中夏、恽代英、许包野在革命中都曾经使用过化名，这是一种掩护，也是一种自我保护。只不过他们从入党那天起，就做好了为自己选择的理想而牺牲的思想准备。因为，革命理想高于天。陈原道烈士宣誓："身可杀，而爱国热血不可消；头可断，而救国苦衷不可灭！"1933 年 5 月 15 日，邓中夏在上海法租界被捕，在酷刑审讯面前，邓中夏坚贞不屈。参与审讯的一位国民党要人曾问他："你这样强硬，难道不想出去，不想获得自由吗？"邓中夏回答："我未进来之前，倒想到有一天会进来，现在进来了，倒从未想到要出去！"

革命年代，很多人有过艰苦斗争的经历，但最后还是没有闯过生死关，在最后的抉择中败退下来。比如，出卖邓中夏的叛徒。邓中夏被捕，涉及两个叛徒，一个叫刘宏，一个叫林素琴。先是刘宏被捕，被劝降，供出林素琴。1933 年 5 月 15 日晚，邓中夏到上海法租界环龙路底骏德里 37 号三楼亭子间，找全国赤色互济总会援救部长林素琴研究救援黄励等 60 余人的工作，被前往抓捕林素琴的法租界巡捕逮捕。邓中夏被捕时，化名施义，敌人不知道他的真实身份，后被引渡移交给上海市公安局。而先期被引渡的林素琴，在酷刑之下，供出施义就是邓中夏。

三、传承和弘扬雨花英烈精神

雨花英烈精神是中国共产党宝贵的精神财富，是中国共产党人精神家园的重要组成部分。缅怀雨花英烈的初心，弘扬雨花英烈精神，将为新时代中国共产党人践行初心、担当使命，朝着让人民过上幸福美好的生活，朝着中华民族伟大复兴目标奋进提供强大精神动力。

（一）高擎理想信念的旗帜

雨花英烈精神最集中、最突出、最震撼人心的是“真信仰”。理想信念承载着雨花英烈生命的全部意义和最高价值。他们为了理想和信仰舍生取义、视死如归，用生命守护共产党人的精神家园。习近平总书记曾深刻指出，理想信念就是共产党人精神上的“钙”，没有理想信念，理想信念不坚定，精神上就会“缺钙”，就会得“软骨病”。革命者的真信仰是共产党人的精神之“钙”。实现宏伟事业，成就壮丽人生，需要崇高信仰的指引和支撑，而真正的信仰必然会转化为坚定的立场、不屈的意志和无穷的力量。

坚定理想信念，就能够从胜利走向胜利；动摇理想信念，就必然遭遇挫折失败。开展初心使命主题教育的首要任务就是坚定理想信念。为了解决好理想信念这个“总开关”问题，党的十八届六中全会通过的《关于新形势下党内政治生活的若干准则》要求全党同志必须把对马克思主义的信仰、对社会主义和共产主义的信念作为毕生追求，坚定对中国特色社会主义的道路自信、理论自信、制度自信、文化自信，筑牢信仰之基、补足精神之钙、把稳思想之舵。

理想信念的坚定，来自思想理论的坚定，来自追求真理、遵循规律、代表最广大人民根本利益。深入学习马克思列宁主义、毛泽东思想、邓小平理论、“三个代表”重要思想、科学发展观，深入学习习近平新时代中国特色社会主义理论，让真理武装我们的头脑，让真理指引我们的理想，让真理坚定我们的信仰，才能增强思想理论自觉和实践自觉。坚持学而信、学而思、学而行，把学习成果转化为不可撼动的理想信念，转化为正确的世界观、人生观、价值观，就能在纷繁复杂的环境中增强定力，在改革发展的实践中提升能力，用理想之光照亮奋斗之路，用信仰之力开创美好未来。

（二）保持高尚的道德情操

雨花英烈精神最鲜明的特征是他们表现出来的为振兴国家民族的担当精神，以天下苍生幸福为念的高尚情怀，为革命抛家舍业的无私品格。“先天下之忧而忧，后先天之乐而乐。”“富贵不能淫、贫贱不能移、威武不能屈。”他们就是这种美好人生的体现者，是人世间完美德行的追求者和践行者。

对共产党人来说，保持朴素廉洁的道德情操，既是基本要求，又是一生的追求和恪守的精神境界。党的十八大以来，对党员领导干部如何保持高尚道德情操和健康生活情趣等问题，习近平总书记也多次提出明确要求：“干部的党性修养、思想觉悟、道德水平不会随着党龄的积累而自然提高，也不会随着职务的升迁而自然提高，而需要终生努力。”培养高尚的道德情操，努力践行《中国共产党廉洁自律准则》，加强党性修养，牢固树立正确的世界观、人生观和价值观，始终保持政治上的清醒和坚定，在政治上做个明白人，正确对待个人的名与利、得与失；把立言修身作为我们每一名党员干部的终身追求，应带头弘扬传统美德、恪守社会公德、遵守职业道德、培育家庭美德、修炼个人品德，真正做到在思想上保持清醒的政治头脑，在经济上确保清白，在生活上慎言、慎行、慎交友；努力做到常修从政之德、常怀律己之心、常思贪欲之害、常戒非分之想；自觉远离低级趣味，自觉抵制歪风邪气，管好个人兴趣爱好，保持艰苦奋斗作风，厉行勤政廉洁。只有养成了浩然之气才不会随波逐流，只有行为端正才敢于亮剑，只有自身勤政廉洁，才有底气担当。

（三）淬炼敢于牺牲的精神品格

对党绝对忠诚，竭诚牺牲是雨花英烈精神的核心所在。雨花台是国民党反动派屠杀共产党人示众的断头台，更是雨花英烈对共产主义忠诚信仰的展示台。习近平总书记多次强调，无私才能无畏，疾风知劲草，烈火见真金。他说：“革命战争年代，检验一个干部理想信念坚定不坚定，就看他能不能为党和人民的事业舍生忘死，能不能冲锋号一响立即冲上去。”对党忠诚成就党和人民的事业。无论形势如何变化，党员都要铭记入党誓词，牢记党员“第一身份”，履行为党工作“第一职责”，强化政治意识、大局意识、核心意识、看齐意识，始终与党同心同德。

牢记“为民”初心。雨花英烈并非不食人间烟火，他们有情有义、有血有肉，但其最大的爱是爱人民，最根本的追求是实现人民幸福。习近平总书记说，人民对美好生活的向往，就是我们的奋斗目标。“民心是最大的政治。”毛泽东曾经说过：政治就是把我们的人搞得多多的，把敌人搞得少少的。我们共产党人只有深深扎根于人民之中，顺应人民群众对美好生活的向往，坚持以人民为中心的发展思想，才能做到“最有远见，最富于牺牲精神，最坚定，而又最能虚心体会情况，依靠群众的多数，得到群众的拥护”。

矢志敬业奉献。雨花先烈之所以选择充满艰险和布满荆棘的革命道路，就在于他们拥有无私奉献的高尚情怀。奉献不是投入和报酬的等价交换。它是一种内在于心的精神操守。在党长期执政的新形势下，共产党员更要脚踏实地地做好本职工作，爱岗敬业、甘于奉献，吃苦在前、克己奉公，为事业殚精竭虑、为人民鞠躬尽瘁。

【延伸阅读】

一、矢志不渝的理想信念篇

（一）血迹遗书

史砚芬

史砚芬（1904—1928），江苏宜兴人。早年丧父，家境贫穷。1927 年春加入中国共产主义青年团，后转为中共党员，担任共青团宜兴县委书记。1927 年 11 月，组织领导了宜兴农民暴动，任副总指挥。1928 年调任共青团南京市委书记，不久改任共青团江苏省委巡视员，同年 5 月到南京巡视工作，在台城召集秘密会议时被捕，9 月就义于雨花台。

1928年9月27日，年轻的共青团南京市委书记史砚芬被敌人枪杀于雨花台，年仅24岁。史砚芬英勇就义后，他的亲人们冒险到雨花台收殓遗体。他们从史砚芬的内衣口袋中，发现两张血迹斑斑的纸，打开一看，原来是他写给弟弟妹妹的遗书。这封遗书，是作为大哥的史砚芬对年幼弟妹未来生活所作的安排和郑重交代，是作为共产党人的史砚芬表达为共产主义理想甘愿献身的决心和对党的事业必胜的坚定信念。

亲爱的弟弟妹妹：

我今与你们永诀了。

我的死是为着社会、国家和人类，是光荣的，是必要的。我死后有我千万同志，他们能踏着我的血迹奋斗前进，我们的革命事业必底于成，故我虽死犹存。我底（的）肉体被反动派毁去了，我的自由的革命的灵魂是永远不会被任何反动者所毁伤[的]！我的不昧的灵魂必时常随着你们，照护你们和我的未死的同志，请你们不要因丧兄而悲吧！

妹妹，你年长些，从此以后，你是家长了，身兼父母兄长的重大责任。我本不应当把这重大的担子放在你身上，抛弃你们，但为着了大我不能不对你们忍心些，我相信你们在痛哭之余，必能谅察我的苦衷而愿（原）谅我。

弟弟，你年小些，你待姊应如待父母兄长一样，遇事要和她商量，听她指导。家里十余亩田作为你俩生活及教育费。我死以后，不要治丧，因为这是浪费的。以后你能继我志愿，乃我门第之光，我必含笑九泉，看你成功；不能继我志愿，则万不能与国民党的腐败份（分）子同流。

现在我的心很镇静，但不愿多谈多写，虽有千言万语要嘱咐你们，但始终无法写出。

好！弟妹！今生就这样与你们作结了。

你们的大哥砚芬嘱

（二）“杀我头易，改变我信仰难”

石　璞

石璞（1913—1930），辽宁铁岭人。1927年9月考入沈阳东北大学附属高中。1929年7月，考入金陵大学。年底，加入中国共产主义青年团。不久，转为中共党员。1930年2月，参加南京自由运动大同盟，积极参加抗议帝国主义奴化教育的斗争、声援和记工厂工人斗争和纪念五卅惨案5周年活动。暑期，参加南京暴动的准备工作。8月，因叛徒出卖被捕。9月4日，在雨花台就义。

忧国忧民、勇敢担当、忠于信仰、舍生取义，这是似火年代里的革命青年们的共同特质。危急时刻，他们用稚嫩的双肩扛起了民族大义的旗帜。生死关头，他们用热血和生命谱写了壮丽的青春之歌。石璞这位年轻的革命者，在信仰的召唤下，让自己十七载的青春岁月尽绽芳华。

石璞于1913年8月24日出生在辽宁省铁岭县北门里一个中级职员家庭。他从小就树立了远大的理想，不仅成绩优秀，而且关心国家大事，同情广大劳动人民的悲惨命运。

1929年6月，石璞满怀着报效祖国、拯救中华的壮志，与陈景星、郑辅周等人结伴，由沈阳启程，经大连、上海赴南京求学。由于南京中学不收高三学生，陈景星和石璞决定直接参加大学考试。7月初，陈景星和石璞被金陵大学录取。年底，石璞加入中国共产主义青年团。不久，转为中共党员。他曾无限感慨地说："南京虽处在腥风血雨的白色恐怖中，但我们没有白来，我们对着敌人的枪口加入了共产党，实现了我们的夙愿。我们要像广州暴动的革命烈士那样，一定要轰轰烈烈地大干一场。"

大革命失败后的南京，是国民党反动统治的中心，白色恐怖严重。党的地下工作十分艰难、危险。但石璞毫不畏惧，他坚定地对同志们说："在南京，不准备杀头，就不要加入共产党！"为了鞭策自己，他立下座右铭：

努力才是人生，颓唐只见人死。
勿以恶小而为之，勿以善小而不为。
思想要系统化，行动要纪律化，生活要平民化。
勿悲观，勿怠惰，勿自傲。

走上革命道路的石璞，在校内外积极开展党的地下活动，经常到中央大学、晓庄师范等学校联系或开展工作；在夜深人静的时候，到大街小巷张贴革命标语，散发传单，揭露帝国主义和国民党反动当局的黑暗统治。在陈景星的领导和石璞等同学的带动下，金陵大学党支部成为中共南京地下市委的一支坚强力量。

石璞平时文静、腼腆，一旦投入革命工作，就成了另一个人。无论是驱逐反华美籍教授的运动，声援和记工人罢工的斗争，还是抗议帝国主义、反动派暴行的大游行，瘦小的石璞总是冲在最前线，高喊口号，不惧危险。在纪念上海五卅惨案五周年活动中，他挥笔画了一幅漫画，揭露和控诉英帝国主义屠杀中国人民的罪行，令全校震惊。

1930年6月，老乡郑辅周、金鼎铭约石璞回辽宁度暑假。石璞对他们说：“两个月假期，能做很多事，我不回去了。”虽然他也想念家乡的亲人，但为了革命工作，他义无反顾地放弃了回乡探望亲人的机会，全身心投入到党领导的南京武装暴动的准备工作之中。

在南京这个白色恐怖笼罩下的国民党反动统治的中心，武装暴动尚未发动起来，中共南京地下组织就遭到严重破坏。8月7日夜，市委交通员鲁达卿被捕后叛变，敌人的搜捕行动更加紧密。几天后，石璞、陈景星等相继被捕，被关进国民党首都卫戍司令部看守所。

石璞被捕的消息传到铁岭后，其父石吉昌立即到奉天少帅府，托人与南京当局联系。政府的一名要员来电：“只要本人履行必要的手续后是可以放人的。”并告知在南京托人代请了一位律师。石吉昌感到有了希望，表示：“唯幼子有志，只要能救出来，不惜倾家荡产。”他随即变卖家产，携巨资去南京。

律师到牢中见到石璞说：“你父母听到你被捕的消息，悲痛万分，托我来为你辩护。只要你按我的计划行事，可免一死，且能立即释放。”并说：“你必须在开庭审判时，承认自己由于年幼无知，误入歧途，所犯过失，是受匪徒指使，非出己愿，从此改过自新，闭门苦读圣贤书，以待异日报国。”石璞听后，讥讽地笑了笑说：“你何不直说令我叛变，苟且偷生。杀我头易，改变我信仰难。”

敌人开始认为石璞年幼，容易突破，先以名利诱惑，继而以杀头来威胁，最后将他吊起来毒打逼供，都未达到目的。他们面对这位年轻的共产党员坚定的信念和大无畏的革命气概，无计可施。在宣判的法庭上，法官对石璞说：“你小小年纪也加入了共产党，真是中毒太深。你知道吗？

在中国只有三民主义……”话未说完，石璞立刻反驳道：“有志不在年少，你们完全背叛了中山先生的三民主义，我就是要革你们这些中山先生的叛徒们的命！”敌人面面相觑，哑口无言。

根据当时国民政府的法律，未满18岁是不能判处死刑的，敌人竟无耻地把石璞的年龄由17岁改为19岁，于1930年9月4日在雨花台将他杀害。

（三）江苏省委第一位女组织部长的狱中策反

黄励（1905—1933），女，湖南益阳人。1925年加入中国共产党，同年10月赴莫斯科中山大学学习。1928年随瞿秋白出席世界反帝大同盟会议。1929年随邓中夏参加第二届泛太平洋劳动大会。1931年秋回国，任中华全国济难互济总会主任兼中共党团书记，组织营救多名共产党员和革命人士。1932年调任中共江苏省委组织部部长。1933年4月因叛徒出卖在上海被捕，被押解到南京，同年7月在雨花台就义。

黄　励

“只要我活着，就一定要为革命而奋斗，直到最后一秒钟！”这是中共江苏省委第一位女组织部长黄励写下的人生格言，也是她用热血和生命践行的铮铮誓言。

黄励，1905年3月出生于湖南益阳县一个贫民家庭，从小聪慧懂事。1924年考入武昌中华大学，开始受到新思想的熏陶。1925年加入中国共产党。

1932 年，黄励调任中共江苏省委组织部部长。由于叛徒出卖，江苏省委接连遭到破坏，黄励的处境十分危险。为此，党中央决定派她去苏区工作。令人遗憾的是，她还没来得及成行，就被叛徒出卖了。1933 年 4 月 25 日上午 11 时，在西爱咸斯路（今上海永嘉路）住处，叛徒周光亚带着军警和法国巡捕逮捕了黄励。敌人搜遍了她的房间，只搜到“大洋一元，小洋六角，手帕一条，钢笔一支，眼镜一副”。

在法庭上，面对叛徒周光亚的指认，黄励豪迈地说：“我就是共产党员黄励，江苏省委组织部部长。共产党的事我做了很多，就是不告诉你们！”不管审判官使出什么伎俩，黄励始终没有说出任何他们想要的信息。不久，黄励被押上从上海去南京的火车，转送到南京国民党政府的宪兵司令部看守所。

在看守所里，黄励也从未停止过革命工作。她给难友们讲革命故事，教大家唱《国际歌》，还把苏联的海员歌译成中文来唱，鼓舞大家的斗志。她还与陈赓、罗登贤、夏之栩等人一道，将敌人营垒中的人分化出来，参加革命。

看守所有一个所丁叫张良诚，是个孤儿，为生活所迫当了国民党看守。黄励发觉他为人正直，具有爱国热情，同情革命，就主动接近他、教育他，告诉他青年人要有志气，鼓励他另找出路。黄励明确地对他说，在国民党里是没有出路的，要找出路，只有走共产党指引的穷人闹翻身的这条路。在黄励和狱中其他共产党员的帮助下，张良诚逐渐倾向革命，暗中为看守所里的同志传递消息、信件。有了张良诚的帮助，黄励及时掌握了狱中叛徒叛变的情报。为了让党组织及时了解这些情报，黄励连续用了几个晚上，偷偷写了一封长信，详细介绍了狱中叛徒的情况，并通过张良诚顺利转交给了党组织，从而避免了党的革命事业遭受损失。

一次，张良诚在为黄励传递消息时不慎被发现，遭到逮捕。在宪兵司令谷正伦的授意下，法院判处张良诚死刑。张良诚案使敌人惊恐万分。大批革命者没有“转变”和投降，自己人却与共产党人站在一起。他们对黄励又恨又怕，感到不除掉黄励，劝降他人的工作就难以奏效。为此，国民党中央党部批示迅速处决黄励。张良诚的暴露让黄励意识到自己离牺牲的日子不远了，但她依然谈笑自若。每当与难友谈到自己的处境，她总是轻松地说：“大概快了，快到雨花台了。”黄励在狱中表现出的坚定理想信仰、高昂革命斗志和乐观精神，深深地感染着周围的难友们。

1933 年 7 月 5 日清晨，敌人押着黄励前往雨花台，她对押送的宪兵做了最后一次宣讲：“你们都是穷苦人，国民党杀害共产党人，就是不让中国的穷苦人翻身。你们杀了很多共产党、革命者，能杀得完吗？越杀革命者越多……”随即饮弹洒血，从容就义，年仅 28 岁。

（四）清华最有光荣的儿子——施滉

施滉（1900—1934），云南洱源人。1917 年考入北京清华学校（今清华大学），组织领导清华学生参加五四运动。1924 年秋前往美国留学。1927 年 3 月加入美国共产党，并当选美国共产党中央中国局第一任书记。1929 年秋，赴莫斯科学习，并任少年共产国际翻译。1930 年秋回国，在上海中共中央特科秘书处、中共中央翻译科工作，后至香港任海员工会秘书。1932 年 5 月起，先后

施　滉

任中共河北省委宣传部部长、省委书记。1933年冬，因叛徒出卖被捕。1934年初，在雨花台就义。

> 他是清华最有光荣的儿子，
> 他是清华最早的共产党员。
> 他为解放事业贡献了生命，
> 施滉的革命精神永垂不朽！

这是镌刻在清华图书馆大厅北壁纪念碑上的一段铭文。施滉这位“清华最有光荣的儿子”，是清华英烈中的杰出代表，是清华儿女永远的骄傲！

1917年秋，17岁的云南洱源县白族少年施滉如愿考入北京清华学校（今清华大学）。他如饥似渴地阅读各种进步书刊，思想紧跟时代的潮流。1919年五四运动爆发，施滉积极投身其中。残酷的现实斗争使他进一步认识到民族的危机、社会的黑暗，增强了他积极寻求救国道路的决心。

施滉最初希望通过互助路径以及道德自律来改良社会。为此，1920年，施滉等人将清华第一个进步社团“暑假修业团”更名为唯真学会，其宗旨是“本互助和奋斗的精神，研究学术，改良社会，以求人类底真幸福”。施滉当选为会长。1923年春，施滉、冀朝鼎、徐永煐、胡敦源、章友江、罗宗震、梅汝璈和女师大附中学生罗静宜八人，在唯真学会内部又成立了一个名叫“超桃”的秘密核心组织。他们针对当时清华学生中“教育救国”“科学救国”等思潮，提出了“政治救国”的主张。

1924年秋，施滉进入美国斯坦福大学学习东方史。翌年，上海发生五卅惨案。消息传来，施滉立即联络在美的唯真学会成员，积极向华侨和美国人民进行反帝爱国宣传。他在活动中开始接触美国共产党，并参加了当时美共领导的“反帝大同盟”。

随着国内形势的发展，施滉及“超桃”的成员对国民党和共产党进行了客观的比较和分析。他们认为与国民党相比，共产党敢于斗争，革命比较彻底，“不仅彻底反帝反封建，还同情和支持被压迫民族的解放斗争，要解放全人类”。1927 年 3 月，施滉加入美国共产党，成为中国留美学生和旅美华侨中第一批党员之一，后当选为美国共产党中央中国局书记。不久，四一二反革命政变的消息传到美国。施滉以个人名义先后撰写并发表十篇宣言，揭露和声讨蒋介石叛变革命的罪行。为此，国民党政府三次通缉施滉，并在美国对他跟踪、监视，还搜查了他的洱源老家。

1928 年，施滉在斯坦福大学取得了历史学硕士学位。此时的施滉面临着两种选择，一种是继续留在美国，过着比较安定的生活，还可以躲过国内的通缉；另一种是投身革命，这是一条荆棘密布之路。为了实现救国救民的理想，施滉毫不犹豫地选择了后者。随后，施滉被美共派到古巴从事建党的工作，后又转去苏联学习。

1930 年秋，正当国内革命斗争形势异常严峻之时，施滉毅然选择回到阔别六年的祖国。他先后在上海中共中央特科秘书处、中共中央翻译科工作。1931 年 4 月，组织派施滉去香港海员工会任秘书，在蔡和森领导下开展工作。6 月，施滉与蔡和森等人一同被捕。被捕后，他表现了一个共产党员的崇高气节和优秀品质，他在写给狱外同志的书信中说：“敌人用尽种种办法对我威迫利诱，但是只要我们坚定，最后敌人总是没有办法的。”后经中共广东地下省委设法营救，施滉得以出狱。

出狱后的施滉前往上海做工会工作，不久又被派往北平，先后担任河北省委宣传部部长、省委书记。他以在河北艺专教书做掩护，开展革命工作。1933 年冬，施滉在艺专主持党的秘密会议时，被叛徒出卖，不幸被捕。施滉先关押在北平狱中，后被押解至南京。在狱中，他始终坚贞不屈。1934 年初，施滉在南京雨花台壮烈牺牲，年仅 34 岁。

二、冰清玉洁的道德情操篇

（一）“为党随时牺牲一切”

孙津川

孙津川（1895—1928），安徽寿县人。1925 年 8 月加入中国共产党。曾任中华全国铁路总工会沪宁铁路特派员，参加沪宁、沪杭铁路工人运动的领导工作。1927 年出席了中华全国铁路总工会第四次代表大会。参加了上海工人第三次武装起义。1928 年 3 月，任中共南京市委书记。同年 7 月被捕，10 月 6 日牺牲于雨花台。

1927 年 6 月，处于国民党统治中心的中共南京党组织第二次遭到严重破坏。孙津川临危受命，怀揣着“为党随时牺牲一切”的人生信条，义无反顾地踏上重建南京党组织的征途，最终将一腔热血洒在了雨花台。

1895 年，孙津川出生于安徽省寿县一个工人家庭。14 岁起先后到南京、上海做工。1924 年秋，孙津川在上海与中共党员彭干臣相识，并在其影响下走上革命道路。

1925 年 8 月，孙津川由彭干臣、王警东介绍加入中国共产党，并当选为沪宁铁路工人协进会委员。不久，中共吴淞机厂特别支部成立，孙津川被选为特支书记。

为配合北伐军进攻上海，中共中央决定在上海举行工人武装起义。1926 年 10 月，孙津川按照党的要求，带领吴淞机厂工人武装切断沪宁铁路，破坏北洋军阀的后勤军需补给线，为上海工人第一次武装起义创造条件。1927 年 3 月，孙津川领导吴淞机厂工人举行大罢工，揭开了上海工人第三次武装起义的序幕。3 月 28 日，孙津川被选为沪宁、沪杭甬两铁路总工会委员长。

四一二反革命政变后，孙津川往返奔走于武汉、九江、上海等地，代表全国铁路总工会接待和安置苏、浙、皖、赣等省的流亡同志，秘密整顿并恢复各地铁路工会和党组织。

1927 年 4 月 27 日至 5 月 9 日，孙津川出席了在汉口召开的中共第五次代表大会。同年 11 月，中共江苏省委派他到南京恢复被破坏的中共南京市委。当时的南京经过蒋介石的“清党”血洗，环境十分险恶，革命者随时有被捕的危险。孙津川做好了为党随时牺牲的准备，举家搬到南京。在极其严重的白色恐怖中，他着手整顿党的组织，传达八七会议精神，发动和组织群众，坚持地下斗争，准备武装暴动。经过几个月艰辛细致的工作，恢复和建立了七个工厂党支部，有党员 200 多人。

1928 年 3 月，孙津川就任中共南京市委书记。7 月初的一个夜晚，刚从火车站返回的孙津川到家住下关黄泥滩（今热河路附近）的中共地下党员姚佐唐家去开会，临近姚家时发现有形迹可疑的人影，孙津川意识到情况不好，立刻转身离开，而黑影慢慢向他靠近。具有丰富斗争经验的孙津川迅速将身上携带的文件投入不远处的水井里。几乎同时，四五个特务一拥而上，孙津川不幸被捕。

孙津川被捕后，当局一直不让家属探望。最后在司令部对面清真面馆里一个小伙计许忠林的协助下，母子才得以相见。许忠林利用送面点到牢房的机会，秘密打听出孙津川的监号，让孙母冒名为其他犯人的家属混进牢房。孙母看见儿子，忍住泪问道：“津川，他们会让你出去吗？”“妈，古人云，忠孝不能两全，就是我死了，弟弟还在你跟前，你老人家是能理解我的……”孙母哽咽着，从篮里掏出孙津川最爱吃的梨。孙津川接过梨，吃了一半，递给母亲，孙母望着儿子无比坚定的眼神，心里明白了。她颤抖着双手接过半个梨，不禁潸然泪下。

在狱中，国民党军警特务妄图用高官厚禄和酷刑逼迫孙津川交出党的机密和南京地下党的名单，但遭到坚决拒绝。1928 年 10 月 6 日凌晨，孙津川一路唱着国际歌，高呼着中国共产党万岁的口号，英勇就义于南京雨花台，年仅 33 岁。

（二）母亲口中的“败家子”

朱杏南

朱杏南（1898—1931），江苏江阴人。1926 年加入中国共产党。党的八七会议后，积极参与澄东农民暴动。1928 年 1 月当选为江阴县委委员。第二年春，调任苏州吴县县委书记，1929 年 9 月在苏州被捕，被押解到南京。1931 年 5 月 19 日在雨花台从容就义。

朱杏南出生在江南的一个富庶小镇——江阴夏港镇，原本可以过着衣食无忧的生活。但是，为了救国救民，为了心中的主义和信仰，他毅然走上了一条充满荆棘的革命之路，并为此献出了自己宝贵的生命。

朱杏南的祖父曾开设米行，集资甚巨，在江阴夏港镇，朱杏南家可谓当地第一巨富。后因家庭变故而分家，朱杏南分得田产200余亩。之后，他又与别人合资开设了同丰泰酒坊，经营良好，加之田产租赁收入，资金充裕，生活富足。但他并没有因此而鄙视镇上的穷人，反而对他们充满了同情和理解。他常常对家人说：不要去催逼缴不起租的佃户。当有人向他借贷适逢手头不济时，他往往当掉妻子的首饰金器以竭力相助。

1919年，五四运动的风潮影响到夏港这座江南小镇，朱杏南满腔热情地投入到声援活动中。各种社会思潮汹涌而至，不断冲击着朱杏南的心灵，他的思想也随之慢慢发生了变化。1921年，朱杏南与本镇旅外青年十余人组织了“夏港同志会”，推崇“启发明智，普及教育”，先后创办了阅览室、暑假补习学校、俱乐部，试图以教育来改造旧时的中国。

1926年，北伐军进军江浙，朱杏南积极响应并加入中国共产党，秘密从事党务工作。四一二反革命政变后，白色恐怖席卷全国。面对国民党的屠刀，朱杏南毫不畏惧，创建了江阴澄西地区第一支农民革命武装，先后组织了多次农民武装暴动。随着夏港白色恐怖愈加严重，朱杏南的处境愈加危险。鉴于此，1929年春，党组织把他调至吴县担任县委书记，化名黄春涛。一到苏州，朱杏南立刻开展工作，联系党员，发展组织，经过一个月的努力，县委就与76名党员接上关系，并领导他们开展斗争。同时，在异常险恶的环境下，朱杏南仍积极从事工人运动，并努力在太湖、阳澄湖开展农民运动，为在此建立革命根据地而积极准备。

革命离不开经费的支撑，当时党内经费较为困难，为了筹措革命经费，朱杏南不断变卖归于自己名下的土地。为了营救被捕的同志，他还动员妻子卖掉自己的金银首饰。母亲无法理解他的举动，骂他为“败家子”，并将银子埋于地下，不再购置土地。

1929年9月，朱杏南在苏州联系工作时不幸被捕。朱杏南的妻子假

扮成亲戚到苏州探监，被敌人认出也遭逮捕，被关进朱杏南隔壁的牢房。朱杏南把纸条夹在烧饼里，设法递给关押在一墙之隔的妻子，鼓励她“不要害怕，倘有不测，为革命牺牲，在所不惜”。在敌人的严刑拷打下，朱杏南始终坚贞不屈，国民党终无所获。最后将朱杏南转送至南京国民党军政部陆军署军法司监狱，判其死刑。

1931年5月19日，面对敌人的屠刀，朱杏南面色从容，傲然跨出狱门，英勇牺牲在雨花台，时年33岁。朱杏南牺牲后其名下的财产已所剩无几。

（三）“我们是最快活的人呀”

高文华

高文华（1908—1931），江苏无锡人。1925年，考入黄埔军校第三期，参加东征讨伐陈炯明。同年，加入中国共产党。1926年7月，参加北伐战争，历任国民革命军连党代表、连指导员、营指导员、团党代表。北伐后期，进行秘密的反蒋活动。四一二反革命政变后，回到无锡从事革命活动。1927年11月，任共青团无锡县委书记。1928年3月被捕。1931年8月29日，病逝于狱中。

成千累万的雨花英烈中有一个特殊的群体，他们来自黄埔军校。在革命低潮时期，这些黄埔精英抛弃了高官厚禄，毅然走上革命道路直至牺牲。高文华烈士就是其中之一。

高文华于1925年考入黄埔军校第三期。他入校不久就随校教导团参加了第一次东征。由于表现突出，高文华被选入黄埔军校政治部开设的政治训练班学习。毕业后，高文华被分配到国民革命军第三师某连担任连党代表，随军讨伐叛军陈炯明。第三师是由旧式军队改编而来，保留了很多陋习，做政治工作困难重重。高文华到部队不满三天，就接到命令向前线挺进。他处处以身作则，吃苦在前。战斗之余，他主动关心士兵的生活和伤病，替他们背物品，吃住都与士兵在一起，这使士兵们逐渐从心底里敬佩他，并自愿接受政治教育。

在黄埔军校的学习和东征的数次战役中，高文华结识了许多共产党员。在他们的引导下，高文华认识到“一个人觉悟了是没有用的，一定要团结起来，推倒一切恶势力，解放自己。这种推倒恶势力的方法，唯一的只有宣传革命”。在入校的这一年，高文华光荣地加入中国共产党。

高文华是家中的长子，下面有四个年幼的弟妹。由于父母体弱多病；弟弟从小得了脑膜炎，智力有障碍，需要长期服药治疗；妹妹们都要读书，家中生活十分拮据。因此父母希望高文华能回家谋职，维持家庭生活。一次，父亲在信中告诉他，已托人替他在胶济铁路找到一份做财务的工作，月薪 60 元，要他赶快到山东就职。高薪又稳定的工作颇具吸引力，但高文华却拒绝了，他给父亲的回信中写道，“我是一个革命者，怎能受钱的牵动呢？老实说，山东有 600、6000 一月的事，我都不做”，要做“使天下穷苦人将来吃饱穿暖的事”。高文华也体谅父母的苦衷，在广州省吃俭用，筹款供几个妹妹上学，以减轻家庭的负担，并经常写信鼓励妹妹们投身革命。

1927 年初，高文华率工兵团随东路军由江西向浙江、上海进攻。同乡兼黄埔校友缪兵找到他，极力劝说高文华停止反蒋，并保证只要高文华不再反蒋，可以为他提供一个高官的职位。如果继续坚持反蒋，便会有严重的后果。蒋介石为了笼络高文华，以“图书费”的名义专拨500银圆给高文华所在部队，供他支配。总参谋长白崇禧也曾不断地接触高文华，希望他能为自己效力。面对威逼利诱，高文华始终坚持着自己的信念，严词拒绝反动派的拉拢，继续大义凛然地揭露国民党右派的反动面目。不久，高文华被国民党反动当局逮捕，关押在江西东路军指挥部，后经组织设法营救获释。

四一二反革命政变之后，高文华回到家乡无锡继续从事革命活动。当高文华走进阔别已久的家中，家里人几乎认不出他了——他穿着件破旧的长衫，袖上缝着补丁，一双单鞋破旧不堪，面容瘦削，两只眼睛显得格外深邃。父亲上下打量了一番，说：“怎么从广州回来了？我给你找的‘铁饭碗’为什么不要？”高文华笑着说：“我找的可是真正的‘金饭碗’。”“金饭碗？你到底干什么活？”父亲用怀疑的眼神看着他。高文华坚定地说：“我干的是使天下千千万万受苦的人，都能吃饱穿暖的活。”“这活就叫革命。”

1927年秋，中共江苏省委为了贯彻八七会议决议，准备立即在江苏各地组织农民暴动。高文华协助团县委书记乔心全组织城区交通队和宣传队，开展各项调查工作，并负责城乡之间的联络工作。11月11日晚，设在城中堵家弄7号内的县委党、团秘密机关遭破坏，乔心全等人被捕。在党、团县委遭到严重破坏的情况下，高文华临危受命，负责全县共青团工作。1928年3月26日，高文华正与张兰舫等在汤家桥团县委机关商讨布置消灭安镇反动军队的计划时，被人告密，不幸被捕。

敌人为了得到情报，先用高官利诱，后又开始威逼，夹棍、老虎凳、辣椒水……将高文华几次弄得昏死过去，又用冷水将他激醒过来。高文华始终坚贞不屈，面对敌人厉声回答：“要我的头有，要名单没有。”

国民党反动当局没有确凿证据，定不下更重的罪，只得以组织反革命团体并执行重要职务的罪名判处高文华“二等徒刑九年”。

在狱中，高文华丝毫没有考虑自己个人的安危得失。他坚信着革命的未来，“真理终永恒的（地）存在宇宙之中，现在虽善恶不能分清哩，终有分清的一天”。而且充满乐观的希望，他在家书中写道：

> ……做人不吃苦，人是不能算人的，我们也真像吃青果一样的有滋味，我们在辛涩的里面有甜味。我们虽然苦，但我们的良心没有受罪。我们虽然苦，我们依旧有我们至高无上的精神的愉快。总之，我们是真理的追求者，我们是最公正无私的人，我们是最快活的人呀！

1931 年 7 月，南京暴发了洪水，监狱里浸满了水，使本来条件就恶劣的江苏第一监狱里传染病盛行，高文华也染上了伤寒。8 月 29 日凌晨，高文华在病痛中去世，年仅 23 岁。

（四）“一为廉，二为勤”

吕惠生（1903—1945），安徽无为人。1922 年考入北京农业大学，后回故乡从事教育工作。1942 年加入中国共产党。历任抗日根据地仪征县县长、无为县县长及皖中行署主任、皖中人民抗日自卫军司令员等职。1945 年 9 月在芜湖被捕，解至南京，同年 11 月牺牲。

吕惠生

“不要钱、出气力”这六个字是吕惠生烈士为人行事的两大准则。一为廉，二为勤，清清白白为人，兢兢业业做事，贯穿了他的一生。

1935 年，吕惠生被推荐担任无为县政府建设科长。一次，有个豪绅为了霸占一块公田修建私人宅第，拿出 200 银圆企图贿赂买通吕惠生。吕惠生怒斥对方：“行贿受贿，这本是寡廉鲜耻之辈所为。我虽为一介寒士，也绝不会收此黑礼！”他随即将贿款公之于众，并用这笔钱在当地名流咸集的双溪茶社对面建成凉亭，并亲笔书写“洗心亭”三个大字悬于其上，以表明心志。

七七事变后，吕惠生积极投入抗日救亡运动，遭到反动当局的嫉恨，将他列入黑名单。1941 年皖南事变后，吕慧生处境更加险恶，在进步人士的帮助下，他携家带口，离开无为城，参加了新四军江北游击纵队。不久，吕惠生将长女吕晓晴和长子吕其明送入新四军的抗敌剧团，后来又将次子吕道立送入新四军。“我之全家已委托全部生命于革命，革命进则我全家存，革命败则我全家亡，此已为明显不易之铁的事实。我何他虑？！”吕惠生将自己、家庭的命运和中国革命的命运紧紧联系在了一起。

1942年，吕惠生加入中国共产党，不久调任皖中行署主任。翌年10月，皖中人民抗日自卫军成立，吕惠生兼任司令员。在一次干部训练班讲话中，吕惠生就如何做好财粮工作，专门对干部提出“廉”的要求：剔除中饱，涓滴归公，一文钱都要用在有利革命上。

1943 年，时任皖中行政公署主任的吕惠生担任黄丝滩江堤工程总指挥。黄丝滩江堤素有“一线单堤、七邑生命”之称，直接关系着沿江七县人民生命财产安全。为了做好这一工程，吕惠生亲临现场勘查，选定最佳方案，制订详细规划，悉心组织施工。他率领几十万民工，冒着日军飞机轰炸的危险，一边抵御国民党顽固派的骚扰，一边日夜不停地施工。他与民工同吃同住，一起挖土、挑担、打夯，呕心沥血，风餐露宿。经过212天的奋战，工程顺利竣工。1944年5月6日，皖中行署隆重举行黄丝滩新堤落成典礼。为了表彰吕惠生为兴建大堤所作的贡献，这条大堤被皖中行署命名为“惠生堤”。这条凝结着吕惠生无穷智慧和心血的江堤，直到今天，仍然是当地防洪的一道重要屏障。

1945年9月，吕惠生在乘船途经芜湖江面时被特务逮捕，不久解至南京。在狱中，同乡特务对其进行软化、劝降，都被他怒斥得狼狈而回。敌人的威逼拷打，也未能让他屈服。11月，吕惠生在南京江宁惨遭秘密杀害，时年42岁。

三、无所畏惧的流血牺牲篇

（一）“我们中国共产党人一定与东北人民同患难共生死”

罗登贤（1905—1933），广东南海人。1925年加入中国共产党，参与组织领导省港大罢工和广州起义。1928年6月在中共六大上当选为中央委员、中央政治局候补委员，历任中共江苏省委书记、中华全国总工会执行委员会党团书记，中共中央组织部副部长等职。1931年任中共中央驻东北代表兼中共满洲省委书记，领导东北抗日运动。1933年3月在上海被捕，4月被押解到南京，8月牺牲在雨花台。

罗登贤

“我个人死不足惜，全国人民未解放，责任未了，才是千古遗憾！”这是 1933 年 8 月 29 日牺牲在雨花台的罗登贤烈士留下的临终遗言。在生命的最后一刻，他记挂着的，是人民的解放和自己未竟的责任。

罗登贤，1905 年出生于广东省南海县一个贫苦人家。11 岁就跟着姐夫到香港太古船厂当学徒。童年的困苦和做工的艰辛磨砺了他坚强的意志和勇于斗争的精神。1924 年，中共广东区委派杨殷、陈日祥到香港开展工作。在他们的影响下，罗登贤开始接受马克思主义，于 1925 年春加入中国共产党。

1931 年夏，中共中央派罗登贤前往沈阳担任中央驻东北代表，负责组织领导东北地下党的斗争。九一八事变爆发后，在尚未接到中共中央具体指示的情况下，罗登贤以“达平”为化名，召开北满党的负责人会议（北满地区指哈尔滨、牡丹江、佳木斯、北安等地区）。会上罗登贤分析了当时危急的形势，指出“国民党蒋介石以不抵抗政策出卖东北同胞，我们中国共产党人一定与东北人民同患难共生死，争取东北人民的解放”。“敌人在哪儿蹂躏我们同胞，我们共产党人就在哪儿和人民一起抗争。”“党内不许任何人提出离开东北的要求，谁如果要提出这样的要求，那就是恐惧动摇分子，谁就不是中国共产党党员。”罗登贤这番铿锵有力的话语，坚定了东北共产党人保卫祖国领土，驱逐日本帝国主义，争取东北解放的决心。

1931 年 11 月，中共满洲省委机关遭到严重破坏，省委书记、军委书记等相继被捕。罗登贤奉命重组新的满洲省委，并担任书记。此时，东北党组织同中共中央已经失去联系，情报信息和活动经费均已中断，中共满洲省委处境十分困难。在这样的情况下，罗登贤仍坚持斗争，领导东北地下党及人民先后创建了吉、辽、海伦、汤原、磐石与海龙等抗日游击队，为东北抗日联军的建立奠定了基础。

当罗登贤在艰难困苦的条件下领导东北人民进行抗日斗争的时候，王明、康生等人却横加指责。1932 年 6 月，中共临时中央在上海秘密召开北方各省委代表联席会议（也称北方会议）。会议批判罗登贤贯彻中央指示不力，强令罗登贤离开东北。7 月，王明之流撤销了罗登贤中央委员、中央政治局候补委员和满洲省委书记的职务。

罗登贤顶着巨大的压力，继续坚持在东北开展工作。他虽然受到王明“左”倾错误路线排斥、批判，但并没有因此消极。他对身边的同志说：“我坚信，东北三省不会灭亡，劳苦大众的抗日斗争，正在各地风起云涌地开展起来。在这个时候，我们共产党的责任，就是把这些群众自发的斗争，变成有组织、有领导的斗争。同时，要建立党领导的工农义勇军。”

1932 年 12 月，罗登贤调任全国总工会上海执行局书记。1933 年 3 月底，由于叛徒出卖，罗登贤不幸被捕。法庭上面对敌人“反动”的指控，罗登贤慷慨陈词：“你们说我反动吗？让我来说说我的经历吧。我曾在大革命时代领导过反帝大罢工；我曾在东北发动了抗日游击战争，打击日本强盗；最近我刚从东北回来，又领导了上海日本纱厂工人的反日大罢工。我的一切行动都是反帝爱国的，谁敢说我反动？”罗登贤的一身正气让敌人哑口无言。

1933 年 4 月，罗登贤被转押南京，8 月 29 日在雨花台英勇就义，时年 28 岁。

（二）巾帼勇士郭纲琳

郭纲琳

郭纲琳（1910—1937），女，江苏句容人。1931年加入中国共产主义青年团，年底转为中共党员。1932年一·二八事变后，参加上海学联工作和共青团上海法南区委、沪西区委工作，历任共青团江苏省委内部交通、共青团无锡中心县委书记等职。1934年1月因叛徒出卖在上海被捕，被押解到南京。1937年7月在雨花台牺牲。

“我凭了真理，凭了我对人民的忠贞，凭了党给我的教育，我将你们费了不少狗气力想出来的一切阴谋诡计打得粉碎，可见我是胜利了！……你们一定会被消灭，中国人民的革命一定要胜利！”随着一声枪响，年轻而坚定的声音戛然而止，这一年郭纲琳27岁。

郭纲琳，1910年出生于江苏句容一个大户人家。至今，当地人提起她，还称她为郭四小姐。1929年春，郭纲琳考入上海中国公学预科（高中部），后进入中国公学大学部学习。1931年10月，她加入中国共产主义青年团，同年底转为中共党员。

淞沪抗战爆发后，根据党组织安排，郭纲琳放弃学业，化名刘英，开始从事工人运动和妇女工作。1934年初，郭纲琳调任上海闸北区团委书记。该区委连续遭到破坏，环境险恶。郭纲琳接受任务后，毫无畏惧，立刻投入工作。不幸的是，1月12日傍晚，郭纲琳秘密前往租界内海宁路一个地点开会，因叛徒出卖被捕。

不久，郭纲琳被押至南京国民党首都宪兵司令部看守所。在看守所里，郭纲琳怀着对党的忠诚，将两枚铜圆磨成两颗铜心，用针镌刻上“健美”“永是勇士”，以表达崇尚美好、勇当无产阶级革命勇士之心。

敌人最后以郭纲琳犯有“危害民国紧急治罪法”所列之罪，判刑八年，于 1934 年 5 月押往南京模范监狱执行。郭纲琳虽然身陷囹圄，但仍然坚持斗争。在狱中，她参与领导和组织了三次绝食斗争，其中规模最大的是支持太平洋赤色职工国际书记牛兰夫妇的斗争。绝食坚持了七天，敌人被迫做出让步。郭纲琳还利用刺绣、打绒线来锤炼自己的意志。她在一条手绢的左上角绣上五角星，右下角绣了英文 Long Live（万岁），以表达她对党的热爱之情；在一个枕套上绣了英文 To struggle for truth！（为真理而奋斗！），以表达她对共产主义崇高理想的坚定信念和为探求真理而奋斗终生的决心。

郭纲琳被捕后，她的家庭出于维护名门声望和骨肉之情，千方百计设法营救。家里花重金聘请律师为她辩护，因她拒绝在悔过书上签字而作罢。之后，郭纲琳的大哥又请国民党中央委员保释，当局表示，只要郭纲琳放弃政治主张，就可出狱。关系打通后，大哥写信给郭纲琳，劝她不要错过这最后的机会。郭纲琳在回信中说，“我不能造一点点罪恶在我的生命中”“我不能屈服在一个无罪而加上有罪的名义下来遵从你”。

面对敌人的严刑拷打，郭纲琳愤恨地说：“你们打我干什么？何必这么凶，有本事，打日本鬼子去！”敌人用竹管套在她嘴上，可她仍艰难地高唱“同志们奋斗，革命的路，是一块块血肉拼筑起来……曙光在前头，冲上前去……”她还用鲜血在囚室的墙壁上写下“立场坚定，为革命而牺牲！拥护真理，为真理而流血！”的铿锵誓言。在郭纲琳英勇气概的鼓舞下，许多难友坚定了革命必胜的信心。

西安事变后，中国共产党一直要求释放一切政治犯。蒋介石表面答应，暗里却对政治犯严密封锁消息，并下毒手处决一批政治犯。

1937年7月，敌人将郭纲琳押到雨花台。她一路唱着《国际歌》，高呼着“打倒日本帝国主义！”“打倒国民党反动派！”“中国共产党万岁！”的口号，英勇就义。

（三）三五九旅的雄鹰刘亚生

刘亚生

刘亚生（1910—1948），河北河间人。1932年考入北京大学。1936年加入中国共产党。1938年任八路军第三五九旅旅部秘书，后随部队转战晋西北等地。1941年春起，随三五九旅屯垦陕北延安东南部南泥湾，参加大生产运动。翌年，任旅政治部宣传科科长。1944年南下抗日，曾任湖南人民抗日救国军（三五九旅南下时的番号）宣传部部长。抗战胜利后，任三五九旅政治部副主任。1946年8月，在转战延安途中被捕，关押于西安集中营，后被押解到南京。1948年底牺牲。

一曲《南泥湾》唱遍了中国的大江南北，使三五九旅这支功勋卓著的英雄部队“能战斗，能生产”的事迹家喻户晓。雨花英烈中的刘亚生烈士正是来自这支英雄部队。

刘亚生1932年考入北京大学历史系。1935年因参加抗日救亡的一二·九运动被反动军警逮捕，后经党组织的营救获释。经过一二·九运动的洗礼，刘亚生迅速成长起来，于1936年秘密加入中国共产党。自此，他更加自觉地为中国人民的解放事业而奋斗。

七七事变后，刘亚生离开北京大学，奔赴延安。刘亚生最初被分配到八路军第一二〇师第三五九旅任旅长王震的秘书。作为来自名牌大学的知识分子，又有革命经历，他在贫苦农家子弟居多的三五九旅，是难得的年轻才俊。但他并没有因此骄傲自满，而是在工作之余，经常帮助同志们学文化，给同志们讲故事。行军时，他总是主动帮炊事班扛炊具。很快，他就和大家打成了一片。因为他高度近视，大家戏称他“刘瞎子”。

1946 年 6 月，解放战争打响，为了彻底粉碎国民党反动派对解放区的进攻，三五九旅奉命撤出鄂豫皖根据地，火速北上，开赴延安。行军途中，前后都有敌人围追堵截。经过一个多月风餐露宿的长途艰辛跋涉，在陕南暴雨倾盆的嶙峋山路上，刘亚生被复发的肠胃病折腾得上吐下泻。首长考虑到他病情的严重和上千度的近视，很难和部队一起冲过国民党胡宗南军的封锁线，因此决定他和妻子何薇自行奔赴延安。

胡宗南为阻止解放军前进，在各关口要隘、各山道路口严密把守，“宁错抓一万平民，不放过一个共军”。不幸，刘亚生夫妇落入胡宗南军队的魔掌，被送进西安集中营关押。

敌人百般威逼，刘亚生始终说自己是乡村教师。但三五九旅的杨言钊被捕后经不起敌人的威逼利诱，出卖了刘亚生。胡宗南得知刘亚生的身份后，下令不惜一切代价要刘亚生投降。敌人以高官厚禄利诱，让叛徒劝说感化，用严刑拷打威逼，丝毫没有动摇刘亚生的革命意志。

1947 年秋，刘亚生作为高级战俘押往南京，关押在国民党国防部保密局看守所。他的到来，给沉闷的监房带来了一些活力。他以坦诚豁达和风趣幽默面对磨难、感染难友，保持着人民军队政治工作者的风骨。他的眼镜被敌人打烂了，看人走路很不方便。一进监房，他就凑到难友面前挨个认人，笑说：“有缘千里来相会。”难友们问他叫什么，他说：“以前在我们家里，都叫我‘刘瞎子’，你们就叫我‘刘瞎子’吧。”

1948年底，淮海战役胜利在即，敌人在行将灭亡之前，开始疯狂屠杀。一天晚上，敌人把刘亚生带到审讯室逼问：“你到底有没有转变的可能？”刘亚生高声答道：“永远也不会有！”“我从加入共产党的那天起，就把个人生死置于脑后，为了中国人民的解放事业，牺牲个人生命有何可惜！”

不久，刘亚生被押送到南京燕子矶。他被紧紧捆绑起来，并系上一块大石头。敌人对刘亚生说：“给你最后一点时间考虑，你到底有没有一线转变的可能？”此时，北方正传来解放军大炮的轰鸣声。刘亚生面向北方斩钉截铁地答道：“这炮声，就是我对你们的回答！”残暴的国民党军警，惨无人性地把刘亚生推进了波涛汹涌的长江。刘亚生牺牲时年仅38岁。

（四）智取“铁桶计划”

卢志英

卢志英（1905—1948），山东昌邑人。1925年加入中国共产党。1930年冬，前往西安杨虎城部开展军运、统战工作。1933年赴江西、贵州等地开展军事情报工作，配合红军反“围剿”和长征，任中共中央军委军事特派专员。1940年任苏北联合抗日部队副司令员兼参谋长。1942年后负责沪、宁、杭沿线革命情报工作。1947年在上海被捕，被押解到南京，1948年12月牺牲于雨花台。

他肩担道义却要隐姓埋名，他出生入死却要忍辱负重，他心向光明却要黑夜潜行。他就是奋战在中国共产党隐蔽战线20余年的传奇谍战英雄卢志英烈士。

1905年11月8日，卢志英出生于山东省昌邑县望仙埠村一个贫农家庭。1925年，卢志英加入中国共产党，后在周恩来直接领导下的中央特科从事情报工作。

1934年初春，原中国同盟会会员，早与中共地下党建立合作关系的莫雄，带着蒋介石封他为江西德安赣北第四区行政督察专员和第四区“剿共”保安司令的两张委任状，秘密赶到上海。他向中共方面汇报此事，希望中共给他派得力干将。当时，国民党重兵正对中央苏区进行第五次“围剿”，局势相当严峻。党组织经过认真研究决定，派卢志英、刘哑佛、项与年等，到江西德安莫雄那里工作。卢志英等到任后，在当地红军游击队的配合下，巧妙地帮助莫雄伪造“剿共”成绩，逐步取得了蒋介石的信任。

10月初，蒋介石在庐山召开绝密的高级军事会议，莫雄因“剿共有功”而被特邀参加。会上宣布了由纳粹德国军事顾问塞克特拟订，并早已付诸实施的“围剿”中央苏区的“铁桶计划”。其核心就是针对缺乏攻坚能力和装备的红军，调动重兵和飞机大炮，以连锁式的碉堡封死红色区域，依靠兵力优势迫使红军以决战方式抵抗，从而步步为营，达到一举消灭红军的目的。

为确保“铁桶围剿”计划成功，蒋介石煞费苦心，调动所有的“高参”，精心布置，仅下发给与会者的文件就高高的一大叠，足有三四斤重，其中除了包括“围剿”总动员令、各种包围图表、兵力的具体部署、各战斗队的进攻路线、日程安排、战斗序列等等外，还有蒋介石的“剿共”

守则及指示汇编成的小册子。每份文件上都打上了蓝色的“极秘密”印记，并按出席会议者的名单编号存档。计划十分缜密细致。

会议结束后，莫雄将“铁桶计划”带回德安，亲手交给了卢志英、项与年等。卢志英等人知道此事关系重大，立即将“铁桶计划”的文件密写在四本《学生字典》上，由会客家话的项与年日夜兼程送往南昌的秘密联络站，再由交通员连夜送往瑞金，交到周恩来手里。这批情报使中央红军赶在蒋介石“铁桶围剿”包围态势完成之前，撤出革命根据地，提前实行了战略转移。在长征途中，毛泽东谈到这份重要情报时曾说，红军得以生存，搞情报的同志是有功劳的。

1937 年，卢志英奉八路军驻上海办事处之命，到苏、锡、澄地区和阳澄湖畔发动群众，组织抗日力量，并联络国民党的武装和地方实力派，抗击日军。随着抗日斗争的日益艰险复杂，卢志英被调回上海，以沪丰面包厂为掩护，搜集日军情报。

抗战胜利后，卢志英仍在上海坚持地下斗争。随着斗争环境日益复杂，中共代表团撤离上海前夕，周恩来考虑到卢志英长期在敌占区工作，容易被敌人觉察，建议他早日离开上海，撤回解放区，并做了具体安排。但尚未等到接替的同志到达，不幸便发生了。

1947 年 3 月 2 日下午，由于叛徒的出卖，卢志英在上海被捕，后押送到苏州中统监狱。不久，敌人又把他的妻子张育民、儿子卢大容和侄孙张军战也一起押送苏州狱中。敌人妄图用骨肉之情来软化卢志英，从而打开缺口。卢志英识破敌人的阴谋，嘱咐妻子要警惕。张育民见他遍体鳞伤，伤心不已。卢志英安慰道：“不要在敌人面前流泪。他们总有灭亡的一天！”

1948 年 10 月，敌人把卢志英解送到南京，关押在宪兵司令部看守所。

在狱中，敌人又对他多次用刑，仍然一无所获。1948 年 12 月 27 日深夜，卢志英在狱中被敌人秘密杀害，时年 43 岁。

参考资料

1. 中共江苏省委党史工作办公室、中共南京市委党史工作办公室、雨花台烈士陵园管理局编:《雨花魂》，中共党史出版社 2015 年版。

2.《恽代英传》《邓中夏传》《朱克靖传》《冷少农传》《任天石传》《高文华传》《刘亚生传》《邓演达传》《晓庄十烈士传》《许包野传》《何宝珍传》《卢志英传》，《雨花台烈士传丛书》，江苏人民出版社 2016 年版。

3. 雨花台烈士陵园管理局编:《雨花英烈家书》，南京出版社 2016 年版。

4. 雨花台烈士陵园管理局编:《雨花英烈文集》，南京出版社 2016 年版。

5. 雨花台烈士陵园管理局编:《雨花英烈诗词》，南京出版社 2016 年版。

6. 欧阳淞总主编:《中国共产党人的故事》(第一辑)，中国方正出版社 2017 年版。

7. 中共中央党史研究室、中共江苏省委联合出品：电视文献片《致未来书》(六集)。

8. 中共中央党史研究室、中共江苏省委联合摄制：电视文献片《雨花台》(五集)。

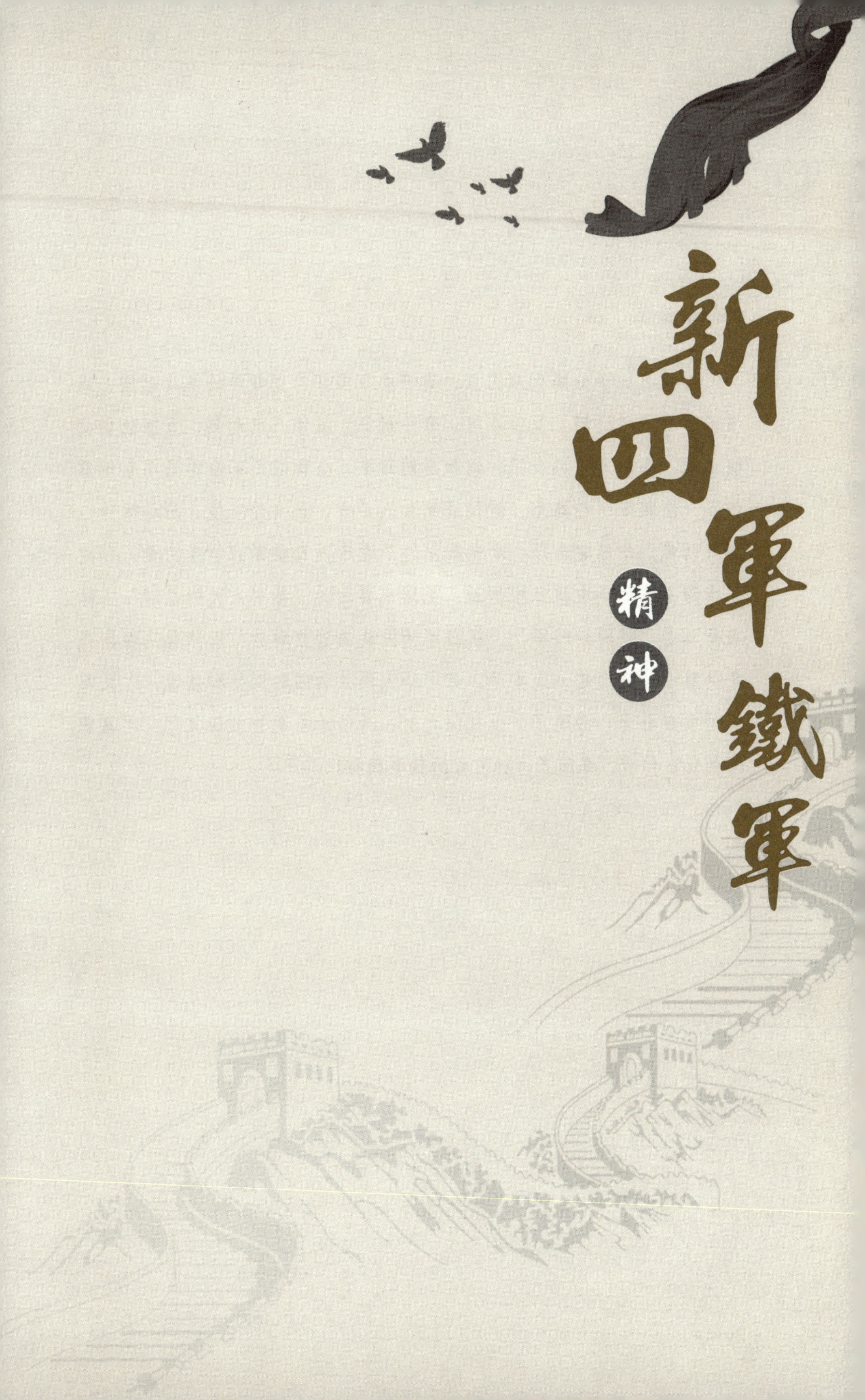
新四軍鐵軍
精神

在抗日战争的烽火岁月里，有一支中国共产党领导的抗日劲旅，纵横驰骋于华中战场，铁血万里，弯弓射日，就像一把利剑，直插敌伪心腹之地，令敌人闻风丧胆。它就是新四军，全称国民革命军陆军新编第四军。新四军一经建立，就挺进到敌人后方，虽身处险境，历尽艰险，屡遭劫难，却屡建奇功，牵制和消耗了数十万日伪军的有生力量，创建了横跨七省的华中抗日根据地。毛泽东誉之为“华中人民的长城”，陈毅称其是“铁的新四军”。新四军为民族的独立解放，世界反法西斯战争的胜利，矗立起一座丰碑；为中华人民共和国的诞生和建设，人民军队的发展壮大，锻造了一批栋梁之材；为传承华夏的灿烂文化，丰富我军的优良传统，奉献了一种可贵的铁军精神！

中国共产党领导的抗日战争主力之一新四军，从1937年10月成立，到1947年1月整编为华东野战军，十年间为民族的独立、人民的解放，建立了不朽战功。亿万国人从未忘记它用鲜血和生命写下的战争史诗，中华大地上一座座丰碑诉说着它的丰功伟绩，有关它的故事也在大江南北一直被传颂。人民给予了这支英勇顽强的军队崇高的评价，誉之为铁军。这支队伍所体现的精神被称作铁军精神。

荣光背后是初心。从诞生的第一天起，新四军就坚持民族大义，为寻求中华民族的独立自由，毅然奔赴抗战前线，并深入到日本侵略军占领的华中敌后，为光复国土而浴血奋战，不惜付出最大的牺牲。新四军在华中抗战，面临着更多的艰险与危难，不仅要和强大的日本侵略军及所谓的“曲线救国”的伪军进行对垒作战，还要和国民党顽固派制造的摩擦冲突进行周旋、较量。然而，无论多少艰难险阻，新四军始终不改初衷，凭借着坚韧的铁军精神，在华中敌后、在血与火的战场上，与日本侵略军进行着顽强的作战，坚持着共产党人的初心，坚守着共产党人的使命。

一、铁军的历史发展

20世纪20年代，大半个中国陷于军阀混战中，整个国家四分五裂，满目疮痍，经济萧条，民不聊生。1923年，中国共产党第三次全国代表大会确定了与中国国民党建立革命统一战线的方针。1924年，在中共支持帮助下，孙中山召开有共产党人参加的国民党第一次全国代表大会，确定联俄、联共、扶助农工三大政策，改组国民党，实现国共合作，成立广州国民政府，并创建由共产党人参与领导的黄埔军官学校，统编国民革命军，开展工农运动，统一和巩固了广东革命根据地。在此形势下，

国民政府决定出师北伐，以革命战争推翻帝国主义和封建军阀在中国的反动统治。

（一）初获铁军荣誉的国民革命军第四军

1926年7月，国民革命军八个军10万余人，分三路从广东出师北伐。在北伐战争中，以李济深为军长的国民革命军第四军是国民革命军的创始部队之一，更是北伐的主力。半年多的时间里，第四军驰骋数千里，所向披靡，转战湘鄂赣三省，战绩辉煌，在湖南及江西打败吴佩孚及孙传芳，奠定北伐的成功，赢得“铁军”的称号。

荣誉属于第四军，但创造铁军荣誉的是中国共产党独立组建和领导的叶挺独立团。叶挺独立团组建于1925年11月，最初的番号是国民革命军第四军第十二师第三十四团，1926年元旦改为该军独立团，由叶挺任团长，也称叶挺独立团。为组建这个团，中共广东区委负责人陈延年、周恩来亲自谋划、安排，严格考察和选定人员，不仅叶挺是中共党员，而且调集了20名共产党员任连、排以上各级领导，同时还把孙中山交给共产党人管理的铁甲车队并入该团。铁甲车队是警卫孙中山的一支部队，队长徐成章、副队长周士第、党代表廖乾吾都是中共党员，全队的150名队员均是广东区委精心挑选的进步青年。叶挺出任团长之后，坚持共产党对这支军队的领导，团设党支部，连建党小组，同时实行官兵平等，与旧军阀形成鲜明对照。他还坚持从严治军，在苦练精兵上下功夫。经过他的培育和打造，终于把这个团塑造成一支新型的革命军队。北伐战争中，叶挺独立团作为第四军的先遣队，从广东肇庆出发，首战渌田，长驱醴陵，力克平江，奇袭汀泗桥，大战贺胜桥，攻克武昌城，功勋卓著。

在围困武昌城敌军的战斗中，独立团的官兵轮番强攻，前仆后继，伤亡惨重。10 月 1 日，被困武昌城内的守军挑选精锐敢死队 600 余人，组织突围，向叶挺独立团防地发动突袭。独立团集中火力猛击来犯之敌，激战 1 小时，夺回阵地与铁甲车。10 月 10 日，叶挺独立团爬墙入城，与顽固抵抗的敌军展开巷战，并首先攻占有炮台和环形工事的制高点蛇山，北伐军终于突破围攻 40 天之久的坚城武昌，歼灭吴佩孚 1 万余人有生力量，创造了北伐战争史上最为辉煌的战绩。叶挺独立团不仅参加北伐时间最长，贡献最大，牺牲也最多。据记载，仅贺胜桥一役，独立团牺牲官兵 191 人，占第四军牺牲总人数的 40%。正像耸立在武汉洪山烈士陵园的独立团北伐阵亡官兵烈士墓碑上所铭刻的那样："诸烈士的血铸成了铁军的荣誉。"

1927 年1月，武汉汉阳兵工厂受民众委托，制作了一块高 1 米、宽 0.5 米的盾牌赠送第四军，盾牌正面是两个红色隶书大字"铁军"，上款刻有"国民革命军第四军全体同志伟鉴"，背面铸有一首四言题词，全文是：

烈士之血，主义之花，四军伟绩，威震迩遐。
能守纪律，能毋怠夸，能爱百姓，能救国家。
摧锋陷阵，如铁之坚，革命抱负，如铁之肩。
功用若铁，人民倚焉，愿寿如铁，垂忆万年。

在武昌隆重的授盾仪式上，叶挺独立团被指派代表第四军接受了这块铁盾牌。曾在第四军任职的萧克指出：独立团在向两湖进军中，真正起到了先遣队的先锋作用。亲历北伐战争的郭沫若则说："此次北伐，进军神速……不到半年，打下半个中国。但具体地说，应归功于中国共产党，归功于北伐先锋队——叶挺独立团。这个团之所以每战必胜，每攻必克，是它有着旺盛的血液——中国共产党。这个独立团，它的特点，是共产党员最多，官兵最融洽，士气最旺盛！”

（二）发展铁军精神的红四军和红军游击队

正当中国国民党和中国共产党合作领导的大革命如火如荼地展开时，1927 年 4 月 12 日，蒋介石公开叛变革命。中国共产党开始独立领导中国革命战争，自此铁军精神在共产党人自己领导的军队中顽强不屈地延续着。经过大革命锻炼的共产党充分认识到军队的重要性，先后发动了南昌、秋收、广州三大起义。三大起义是中国共产党武装力量建设与建军的开端，与国民革命军第四军这支铁军部队有深厚的历史渊源。南昌、广州起义前敌总指挥均是叶挺，秋收起义总指挥是曾在叶挺独立团任营长的卢德铭，三大起义的部队也主要来自第四军。此后，共产党人在组建自己的部队时，也多次不约而同使用了“四军”的番号。1928 年 6 月，朱德、陈毅带领南昌起义余部和湘南农军奔上井冈山，与毛泽东领导的秋收起义部队会合后，就将中国共产党开创的第一支武装力量称为“中国工农红军第四军”。1928 年 7 月，贺龙将他千辛万苦创建的湘赣边部队编为红四军（后改为红二军）。1931 年 1 月，黄麻起义后建立的第一军、第十五军合编后，也称红四军。这三个“红四军”，就是后来我军三个方面军的前身。为什么叫“第四军”？美国记者埃德加·斯诺在他的《西行漫记》中记录了对朱德的采访，朱德说：“所以用这名字，为要保持国民党第四军‘铁军’的大名，它在大革命中是我们革命的堡垒。”

1934 年 10 月，中央根据地第五次反“围剿”遭到了失败，红军主力被迫长征，进行战略转移。留在江西、福建、浙江、安徽、河南、湖北、湖南和广东等 8 省范围内的红军和地方部队共 4.5 万余人，在国民党军的连续进攻下，多数遭受损失，余部共万余人，分散在赣粤边、闽赣边、闽西、闽粤边、皖浙赣边、浙南、闽北、闽东、湘鄂赣边、湘赣边、湘南、鄂豫皖边、鄂豫边和琼崖等 14 个地区，继续独立坚持斗争。三年游击战争至此拉开序幕，游击战争异常艰苦与惨烈。国民党政府采取了一系列政治、军事和经济的手段，妄图把红军游击队歼灭，一时在游击区出现了“无不焚之居，无不伐之树，无不杀之鸡犬，无遗留之壮丁。闾阎不见炊烟，田野但闻鬼哭”之惨状。陈毅的《梅岭三章》是南方三年游击作战艰苦岁月的历史再现，也是陈毅和战友忠于革命事业的真实写照。三年游击战争中，红军游击队在远离中央、非常恶劣的生存条件下，始终高举共产党的这面旗帜，树立革命必胜信念，培养了艰苦奋斗的作风，密切了与人民群众的联系，丰富和发展了一套灵活机动的游击战术，保存了革命武装和斗争阵地。在三年游击战争的腥风血雨中，优良传统得到淬炼。

（三）丰富铁军精神的新四军

1937 年 7 月 7 日，卢沟桥事变拉开了中国人民全面抗战的帷幕。中国共产党面对民族危机，捐弃前嫌，呼吁与国民党实行第二次国共合作，筑成民族统一战线的坚固长城，抵抗日寇的侵略。经过多次谈判和复杂斗争，国共两党双方达成协议，将南方 8 省 14 个地区的红军游击队整编为一个军，开赴抗日前线。为减少矛盾，共产党提议由已经不是共产党员的北伐名将叶挺出来担任军长。叶挺也正冀图一酬壮志，抗击日本侵略者，挽救中华民族危亡，于是欣然受命。为发扬北伐战争中独立团为第四军赢得的“铁军”称誉及“铁军精神”，他提议将这支队伍命名为国民革命军陆军新编第四军，简称新四军。

带着这样的信念，新四军开始了在华中的战斗。历史证明，它不负期待，不辱使命，不仅继承了铁军传统，更用忠诚和热血丰富和升华了

铁军精神。从建立到整编，新四军战斗了整整十年。十年间，地处极其艰苦、残酷、复杂的战争环境和作战条件，新四军常如鱼临网，然终向长流，从最初的1万人发展为30万人，战场从最初的“三南”丘陵地带（皖南、苏南、淮南）发展成地跨七省的华中抗日根据地。新四军为什么能取得如此巨大的成功？是共产党人为中国人民谋幸福、为中华民族谋复兴的初心和使命为新四军提供了一个愿景，是与国民革命军第四军一脉相承的铁军精神让它把愿景落地。

二、新四军铁军精神的内涵

铁军精神，新四军留给后人最为宝贵的精神财富。它寄托着万千共产党人的初心与使命，承载着几代铁军将士的革命探索和实践，凝聚着无数革命先烈的家国情怀和热血牺牲，成就了战争史上的奇迹和中华民族的壮举，是党的光荣传统和优良作风的集中体现，是民族精神和时代精神的生动写照。

（一）新四军铁军精神是跟党举旗、听党指挥的铁的信念

新四军，始终坚持以党的旗帜为旗帜，绝对听从党的指挥，党指向哪里，就奔向哪里。组建之前，留在南方的红军游击队，很长时间远离中央，他们凭着对党和革命事业的坚定信念，一直与国民党军队进行着艰苦卓绝的生死斗争。当时，斗争的形势极其严峻残酷，主力红军撤离后，国民党军队迅速占领了原中央苏区的宁都、瑞金、于都、会昌等县城和交通要道，实行分区“清剿”，叫嚣着“掘地三尺”“斩草除根”，妄图一举歼灭南方的红军游击队。据江西革命烈士纪念馆记载，在不到

两年的时间里，被屠杀的原中央苏区军民就有 70 多万人。可以说，南方红军游击队对国民党及其军队有着不共戴天的深仇大恨。但当我们党和国民党合作抗日后，他们坚决地服从党中央的决定，高举团结抗日大旗，毫不迟疑地接受统一改编。

改编工作开始后不久，中共中央发出《关于南方游击区域工作的指示》，明确指出，“在保存与巩固革命武装，保障党的绝对领导下”，与国民党驻军或地方政权进行谈判。当时，国民党地方当局囿于阶级、集团的私利，或挟十年反共之偏见，除少数懂得民族大义、真正拥护国共合作者外，大部分对共产党持不友好的态度，甚至一些国民党地方当局妄图通过政治谈判达到军事“清剿”未能达到的目的。他们或以谈判为名，预设圈套，诱骗红军游击队下山，聚而歼之；或以功名利禄为诱饵，分化、瓦解、“收编”红军游击队，致使部分红军游击队放松警惕，遭到国民党军暗算。由何鸣任大队长的闽粤边红军游击队，经谈判改编为福建省保安独立大队后，按照国民党地方当局的要求，到漳浦县城集中，结果被国民党军包围而解除武装。何鸣事件发生后，8 月底，中共中央领导人毛泽东致电张云逸，要求国民党第十二集团军总司令余汉谋全部退回收缴闽粤边红军游击队的人员枪支。中共中央再次指示南方红军游击队在谈判改编斗争中要提高警惕，不要上国民党的当，对国民党的挑衅进攻，必须坚决自卫；在改编中要坚持党和红军部队的独立性，拒绝国民党派人任职。由于中国共产党的据理力争，迫使国民党反动当局收起“共产党投诚了”“红军被收编了”等谣言，不得不把“投诚”改为接洽，把“收编”称为改编。遵照中共中央的指示精神，经反复周旋和不懈斗争，南方各红军游击队至 1937 年 11 月底，与国民党地方军政当局达成的第一条原则，就是保持共产党组织和红军游击队的独立性，保持共产党对红军游击队的绝对领导，国民党不得派人干涉。至1938年1月8日，国民党最终核准共产党提出的新四军支队以上的领导干部人选，这就保证了共产党对新四军的绝对领导。

也正是因为中国共产党的中流砥柱作用，新四军才能不断发展直至取得抗战胜利。在新四军每一个关键时刻，中共中央都发来了明确指示，为军事斗争及整个敌后工作的全局指明方向。回顾新四军的历史，不难发现，哪里贯彻中央指示不够坚决甚至发生偏离，那里的斗争就出现失误，招致重大损失。新四军各部凡坚决贯彻中央指示的地方，都不断赢得发展。1938年9月至11月，中国共产党在延安召开扩大的六届六中全会，会议分析敌后抗战形势，确立了“巩固华北、发展华中”的战略方针。新四军坚决贯彻执行了“发展华中”和据此确定的“向南巩固、向东作战、向北发展”的要求。1939年12月至1940年2月，中共中央中原局书记刘少奇三次主持召开中原局会议，分析华中敌后的形势，重点讨论了发展华中的战略突击方向问题。确定新四军江南主力北上，八路军一部南下，合力开辟苏北，使华北、华中抗日根据地连成一片。1940年10月，新四军在八路军一部的配合下，进行了具有战略意义的黄桥战役，改变了苏北的军事、政治力量对比，基本上完成了开辟苏北的战略任务，为新四军发展、坚持和巩固华中抗日根据地奠定了重要的基础。试想，如果没有苏北抗日根据地的开辟，皖南事变后新四军就失去了基本的依托，其前途可想而知。

跟党举旗、听党指挥的铁的信念，是新四军铁军精神的核心灵魂。新四军在抗日战争中的光辉战斗历史，就是跟党举旗、听党指挥的瑰丽史诗，就是坚定党性、忠贞不渝的昂扬壮歌。

（二）新四军铁军精神是忠诚爱国、忠贞为民的铁的担当

国家和人民的利益，始终被新四军放在第一位。新四军顾全大局、团结对敌的高尚情操，艰苦奋斗、英勇杀敌的浩然正气，都是为了实现这个目标——忠诚爱国、忠贞为民。有了这一条，新四军就和国民党内部消极抗战、积极反共的顽固势力区分开来，就赢得了敌后广大民众的欢迎和支持，也赢得全国军民的敬佩和颂扬。有了这一条，新四军就抓住了由弱到强的发展机遇，在敌后站稳了脚跟，建立了巩固的根据地，30 余倍地发展了自己的队伍，最后赢得了抗日战争的光荣胜利。

在中国第二历史档案馆的档案中，有一份国民政府嘉奖电报。让国民政府不吝赞美的，正是新四军挺进江南的第一场胜利："叶军长，所属粟部，袭击韦岗，斩获颇多，殊荣嘉尚，仍希督饬，继续努力，达成任务。"1938 年 6 月 17 日，新四军先遣支队一部在粟裕指挥下，在镇句公路韦岗附近伏击日军运输车。经过半个小时激战，击毁日军汽车 4 辆，毙伤日军 20 余人，缴获长短枪 10 余支及日钞 7000 余元。韦岗战斗是新四军挺进江南敌后抗击日本侵略者的第一仗。这一仗威震江南，打出了新四军的军威，粉碎了日军不可战胜的神话，振奋了中国民众抗战的信心和决心，为以后新四军千百次战斗和建立以茅山为中心的苏南抗日游击根据地揭开了序幕。新四军军部盛赞"先遣队的确起了先锋作用，奠定了我们在江南发展和胜利基础"。陈毅在接到胜利的消息以后，当场写诗祝贺："故国旌旗到江南，终夜惊呼敌胆寒。镇江城下初遭遇，脱手斩得小楼兰。"

很少有人知道，韦岗战斗中，新四军先遣支队与日军进行的多是白刃格斗。粟裕率领的挺进苏南先遣支队，只有 2 挺轻机枪。新四军成立

后，不但人少、枪少，武器质量也很差。正如《密勒氏评论报》所说："从军械的观点来说，新四军是中国军队最弱的一军。"尽管装备落后、腹背受敌，新四军却慨然为国赴难，依靠坚强意志、灵活打法，赢得一场又一场胜利，不断诠释铁军精神的爱国主义内涵。

为民与爱国是一致的，新四军忠实地践行着中国共产党全心全意为人民服务的宗旨。他们的每一次战斗，都是为了捍卫国家的领土和主权，也是为保卫人民利益而战。1943 年 3 月 18 日拂晓，驻在淮阴县刘老庄的新四军第三师七旅十九团四连，正准备转移，不料发现敌情。他们为了掩护部队和群众安全转移，毅然决定在极为不利的情况下，打一场防御战。经过一整天战斗，打退了 1000 多名敌人的无数次冲锋，出色地完成了掩护的任务，但全连 82 人全都壮烈牺牲。刘老庄地区群众深深被他们的英雄事迹所感动，隆重举行了烈士葬礼。

新四军不但为人民而战，而且在十分困难的条件下，坚持为他们办实事、做好事。盐城地区地处黄海之滨，沿海百姓饱尝海啸之苦。为了防御海啸灾害，造福百姓，阜宁县抗日民主政府成立后决心重新修筑海堤。新四军三师师长黄克诚也多次强调："这是一件大事，再困难也要修筑，这不仅仅是修一道海堤，也是筑起共产党领导的人民军队、新政权同广大人民群众联系的坚不可摧的连心堤。"1941 年 5 月至 7 月，阜宁县首任民主政府县长宋乃德在新四军三师师长黄克诚的大力支持下，动员 3 万民工日夜突击，修筑了全长 45 公里的拦海大堤。当地百姓为铭记抗日政府的恩德，将新海堤与当年范仲淹所修的范公堤相媲美，把它誉为"宋公堤"。从宋公堤到惠生堤，从新四沟到雪枫堤，华中大地遍布了新四军为民众修筑的水利工程。尽管这些工程大小不一，名称不同，有的没有刻碑，有的没有留下照片，但在人民群众心中，新四军永远地立起了一座座丰碑。部队还经常为群众治病。无锡吴家村贫农吴根和的妻子发高烧不退，无钱求医。谭震林得知后，即命军医前往看病，并说："救人要紧，要什么药用了再说。"吴妻病愈后，一家人感激不尽。这样的事例很多，老百姓纷纷传说："东洋人杀人，游劫队（土匪部队）抓人，新四军救人，共产党是亲人。"

军队爱民如父母，人民就把新四军当作自己的子弟兵。在皖南事变后血雨腥风的日子里，皖南人民一如既往地支持、保护人民子弟兵，帮幸存者尽量减少损失，使阵亡者英魂有归。有的为掩护突围出来的新四军干部战士遭受敌人的严刑拷打，有的献出了宝贵的生命。在皖南事变中幸免于难的2000多名新四军指战员，都是在皖南人民冒着生命危险掩护、营救、帮助下突围出来的。现代革命京剧《沙家浜》中反映的军爱民、民拥军、军民一家鱼水情，正是当时现实生活的真实写照。

爱国为民的家国情怀，是新四军的出发点和归宿。忠诚爱国、忠贞为民的铁的担当，是新四军的立军之本，是铁军发展的重要基石，是铁军精神的基础逻辑和核心要义。

（三）新四军铁军精神是海纳百川、共同战斗的铁的团结

新四军海纳百川，凭借很强的吸引力、凝聚力和战斗力，新四军由小到大，由弱到强，形成了令敌人望而生畏、闻风丧胆、坚不可摧的铁军。从新四军的组成来看，它的主体是来自南方8省14个地区的红军游击队。后来，又吸纳了从河南竹沟出发、挺进豫皖苏的彭雪枫领导的游击支队，向武汉外围挺进的李先念领导的豫鄂挺进纵队，由华北南下华中的黄克诚率领的八路军第二纵队主力和苏鲁豫支队、陇海南进支队等部队。此外，还收编了管文蔚、樊玉林、纪振纲、鲁雨亭等领导的地方抗日武装，并

且争取了一些伪军起义反正，加入了新四军。1941 年皖南事变和新四军重建军部后，部队的 7 个师、1 个独立旅共 9 万余人，则是由新四军和八路军一部编成的。新四军无论是组建之初，还是军部重建之后，各部队间及官兵关系亲如兄弟，情同手足，并肩战斗，众志成城，经受了一次次严峻的考验，奏响了一曲曲团结胜利的凯歌。1941 年 7 月 20 日至 9 月初，在新四军军部的统一指挥下，由八路军第五纵队改编的第三师和由新四军苏北指挥部部队改编的第一师，密切配合，积极策应，打得敌人顾此失彼，粉碎了日伪军 1.7 万余人的大“扫荡”，就是最好的佐证。

新四军在抗日救国的战斗中百炼成钢，终锻造成一个团结坚强的集体，同时，它还努力团结一切可以团结的力量，调动一切可以调动的积极因素，建立各党各派各界各军的抗日民族统一战线，形成了人心所向、众志成城的铜墙铁壁。陈毅不顾个人安危，三赴泰州，对国民党苏鲁皖游击军正副总指挥李明扬、李长江晓以民族大义，晓之抗战主张，使其在顽固派韩德勤进攻新四军时采取中立行动。对江南有名的民族资本家纪振纲，黄桥的著名绅士朱履先，前清翰林、北洋军阀时期当过省长的韩国钧以及寺庙僧人，陈毅均亲自登门拜访，弈棋畅谈，书信往来，发挥了他们在抗战中的特殊重要作用。谭震林三会安徽省繁昌马仁寺的主持通慧法师，宣传中共抗日统一战线政策，通慧法师将收藏的川军撤退遗留的三挺机枪、五支步枪、两箱子弹，全部交给新四军。这批枪支弹药在繁昌保卫战中发挥了威力。正是新四军对祖国和人民的真诚，建立了良好的内外关系，才凝聚、感奋了人心，最终打败日本侵略者。

新四军铁的团结，还突出表现在其高超地处理了抗日与反顽的关系。新四军在打击日、伪军的同时，还要时刻警惕国民党军队的百般刁难、骚扰和绞杀。在《挺进苏北与黄桥决战》中，粟裕曾这样写道：“（蒋介石）将我主要力量限制在面临长江天险和日军侵华心脏的南京附近地区，实行借刀杀人之计，企图借日军之手消灭我军于这一狭窄地区。”尽管顽固派军队不断挑起军事摩擦，新四军始终真诚团结友军，一致抗日。1938年秋，新四军第三支队以四个营的兵力，掩护和策应国民党第五十军与日伪军的作战，毙伤日伪军300余人。战后第五十军军长郭勋祺下令补充第三支队步枪子弹3万发，军服和衬衣各500套。1940年，为掩护国民党第五十一军南渡浍河，新四军第六支队八团挺身而出阻击日军的跟踪追击，为此副团长陈文甫及副营长、团参谋主任、排长等30多人壮烈牺牲。

难以想象的是，新四军顾及民族大义的忍让之举，却换来了毁灭性的打击。国民党军于1941年初悍然发动了“皖南事变”，使新四军军部及直属部队遭受重大损失，军长叶挺下山谈判时被扣，副军长项英等牺牲。失去指挥官、被取消番号的新四军仍然以民族大义为重，坚持不改团结抗日的大方向。国民党江苏省主席、鲁苏战区副总司令韩德勤是一个顽固派。1939年夏，韩德勤围攻活动于高邮湖北的抗日游击队，惨杀该游击队领导人陶容以下数百人，其中大部分是共产党员。在韩德勤的授意下，类似血案在苏北时有发生。但当1943年2月在日军春季“扫荡”中，他的总部遭到日军打击时，新四军主动派部队掩护，允许其到根据地休整，并接济粮草和经费。一个月后，他率部侵占新四军淮北根据地被俘，陈毅在他表示愿意停止反共、一致抗日后，仍然将他放回。

“风雷驱大地，是处有亲朋”，海纳百川，团结至上。新四军这些为国家忍辱、为民族负重的举动，使迷茫者清醒，让消沉者振奋，给戒心者冰释，令孤芳者悦从。铁的团结，是铁军的政治品格，是铁军精神的力量源泉，是新四军在血与火、生与死的锤炼中，不断发展壮大、克敌制胜的关键。

（四）新四军铁军精神是英勇顽强、艰苦奋斗的铁的作风

历来的战役和战斗，都是敌对双方最为激烈的斗争形式，也是展示两军将士精神风貌的大舞台。华中敌后战场上，新四军广大将士迎难而上，不畏艰险，浴血奋战，一往无前，纵横驰骋于扬子江头，淮河之滨，虽装备简陋，饷弹两缺，却先后取得泾县保卫战、繁昌五次保卫战、黄桥战役、车桥战役等战役战斗的辉煌胜利，在敌顽夹击下愈战愈强，越打越大。历史充分证明，新四军不愧为英勇之师、顽强之师、胜利之师。1944 年 8 月 25 日，新四军浙东游击纵队海防大队第一中队到大鱼山岛开辟工作，遭到日军的猛烈围攻，在副大队长陈铁康率领下与敌血战 7 小时。陈铁康与中队长陈克明、政治指导员严洪珠壮烈牺牲，班长施铁山在与日军肉搏时拉响身捆的手榴弹，与 10 多个日军同归于尽。还有 30 多名战士与鬼子厮杀，抱着鬼子滚向悬崖。全队有 42 人壮烈牺牲，成为与华北八路军“狼牙山五壮士”齐名的壮举。我们都知道中国人民志愿军在抗美援朝中，黄继光用血肉之躯堵住敌人枪眼的事迹，这样的英雄在新四军中已经出现。在 1945 年 8 月的两淮战役中，第三师特务团尖刀班班长、战斗英雄徐佳标，在攻占淮阴城南门时，第一个攀上城墙后，猛然看到从敌人暗堡里射出的机枪火舌，封锁住了新四军前进道路。徐佳标奋不顾身地扑上去，用身体挡住敌人机枪的射孔，以自己年轻的生命为突击部队开辟了前进的道路。在桂子山战斗中，第二师五旅十三团四连阵地上，炮弹呼啸，乱石横飞，一片硝烟火海，敌人攻上来，被打下去，又攻上来，又被打下去，如此往返拉锯，全连 120 多人只剩下 20 多人坚

守阵地，有个战士负了重伤，为了守住阵地，他捂着鲜血直流的伤口，扑向正向新四军扫射的日军，拉响了仅有的一颗手榴弹，与敌人同归于尽。类似的英雄，类似的壮举，数不胜数。

战场上，新四军不仅英勇无畏，坚韧顽强，还是一支勇于创新发展、善于创新发展的机动灵活之师。传统意义上讲，华中多是平原水网地带，并不适合游击战。从敌、伪、顽三方的复杂关系上看，华北国民党顽军较少，而华中地区国民党重兵云集，摩擦与反摩擦的斗争比较复杂。新四军坚持一切从实际出发，在战略和战术上开拓创新，开创了在平原水网地区开展游击战的新局面，被誉为真正“吸引敌人、扼制敌人的铁手”。新四军灵活运用“敌进我退，敌驻我扰，敌大我避，敌小我欺，敌疲我打，敌退我追”24字方针，有效地粉碎了日伪军多次“扫荡”，巩固和发展了人民军队和抗日根据地。针对日伪实施的残酷的分区“清乡”，新四军和根据地人民采取了一系列应对措施，例如主力部队有计划跳到“清乡”区外，寻机策应内线作战，使日寇不断扑空；在“清乡”区内则由民兵、武工队等打击日伪耳目，发动群众破坏交通、火烧竹篱笆等，迫使日伪军的“清乡”以失败告终。1944年的车桥战役，也是新四军创新发展、机动灵活作战的典型战役。这是一场游击战与运动战相结合的战役。新四军采用机动突击、单刀直入、分别包围、各个击破、秘密接近、迅速攻击等战术手段，对日军在车桥镇苦心经营的军事设施发起攻击。随着敌人增援部队不断到来，新四军将偷袭与强攻、进攻与阻击、分途开进与协同作战、主攻战场与牵制战场等各种作战形式周密结合起来，最终取得了攻坚打援的空前胜利，计歼日军460余人，其中生俘24人，歼灭伪军480余人。在车桥战役胜利的震撼下，敌人仓皇弃守车桥周边的大小据点。苏中、苏北、淮南三块根据地由此连成一片，华中局部反攻的

序幕也由此拉开。

“艰难困苦，玉汝于成。”新四军的事业是在艰苦奋斗中发展壮大的。叶挺军长在纪念新四军成立三周年时指出：“我们三年来的胜利不是可以幸致的，就是在给养贫乏，军需穷困，械弹劣少的条件底下，依靠我们大家的艰苦奋斗的精神，忍受这些艰苦，克服这些困难，才能得到的。”[①]新四军虽然是第二次国共合作的产物，但国民党蒋介石却极力限制新四军的发展，拨给新四军的军饷不及国军的一个丙等师。为此，新四军自办起织布厂、蜡烛厂和印刷厂，还筹建了修械所，修复枪支，造刺刀和手榴弹、地雷等。新四军第二师军械厂车间主任吴运铎同志带领工人，创造了当时很有名的马尾子手榴弹、枪榴弹等。1940 年 11 月，新四军已得不到国民党政府和军队的任何供应，其后勤保障完全独立自主地开展起来。新四军的领导，以身作则践行艰苦奋斗精神。彭雪枫师长在严重的困难面前，和全体指战员同甘共苦，他关爱百姓、卖马度荒的义举，深深地感动书案店的群众。黄克诚师长艰苦朴素的好作风有口皆碑，他不仅节衣缩食，还在生产自救活动中亲自背筐拾粪，赢得“黄老头”的美誉。他改造军装、节约布匹的故事，至今在盐阜大地传颂。1943 年 9 月，华中局发出了《关于生产运动的指示》，新四军和盐阜人民在同日、伪、顽进行频繁战斗的同时，自力更生，积极开展大生产运动，发展经济、保障供给、改善生活条件，奠定了对敌反攻的物质基础。

新四军所到之处，还通过派出民运工作人员以抗日和减租减息等口号来发动群众、组建农会等群众团体，发展中共党员成立党组织，团结各界人士建立民主政权，组建民兵和地方武装等工作，使游击区变成抗

① 柴一兵编著：《最轰动的名人演讲》，吉林出版集团有限责任公司 2015 年版，第 231 页。

日根据地，成为新四军可以依托发展的“家”。在此基础上，进一步恢复与发展生产、设税所保证财政收入、办银行发行钞票等，使根据地经济有所恢复和发展。新四军在华中先后建立了苏中、苏北、淮南、淮北、豫皖苏、皖江、鄂豫皖、苏南、浙东等大小十多处根据地，至抗战胜利时各根据地合计面积达25.3万平方公里，合计人口有3420万人。各根据地为新四军的发展提供了人力和物质资源的保障，如果没有根据地，要取得抗战胜利是不可想象的。

险恶环境中的生存和斗争，铸就了新四军英勇顽强又机动灵活的战斗作风，锤炼了其艰苦奋斗又勇于开拓的工作作风。以英勇顽强、艰苦奋斗为主要内容的铁的作风，是新四军无往而不胜的法宝，是铁军的优良传统，是铁军精神的集中体现。

（五）新四军铁军精神是令行禁止、秋毫无犯的铁的纪律

新四军素以纪律严明而著称。铁的纪律，一个重要的方面就是严格遵守群众纪律。1938年6月，新四军军部在行军途中召开了全军政治工作会议，确定战时政治工作的方针、任务、制度与领导方式等基本问题，要求部队充分尊重群众意愿，坚决实行不拉夫、不收款、不扰民的“三不”政策，要将增强群众对新四军的信任作为发动和组织群众抗日的前提，提出“新四军江南化，江南新四军化”的目标。同时，军部还对红军时期的“三大纪律八项注意”进行了修改，制定了新的“三大纪律、六项要求和十项注意”，并颁布实施了《新四军十条军规》。1943年12月，新四军政治部又制定了关于拥政爱民的方针，并公布《新四军拥政爱民十大公约》。各部队还运用连环画、宣传画和说唱等形式，不断地进行纪律教育。

据粟裕回忆，“当时我们初到江南的时候，群众不愿借房子给我们住，

我们就完全在村外或者是田野里露营。在雨天的晚上，曾经遇到不肯开门借房子给我们住的事，我们也就站在门外和靠在屋檐下过夜，这样有过很多次。有些时候，群众不卖粮食给我们，我们也曾经饿过几顿饭和吃过很多次糜粮”。

三师师长黄克诚曾率部队趁黑夜越过敌人的封锁线，挺进苏北阜宁县益林镇东边的大王庄。刚进村，黄克诚就下令：“一不准敲群众家门，二不准动群众的一草一木，三不准大声喧哗、惊醒群众。”指战员们按班、排分散到群众房前屋后和草堆避风露宿。当时北风呼啸，天寒地冻，警卫员犯难了：师长身体不好，师长的妻子唐棣华还带着一个不满周岁的孩子，冻出病来怎么办？警卫员向师长请示到一户人家借宿，遭到黄克诚的拒绝。警卫员只好找个草堆把唐棣华和孩子安顿下来。天亮了，河面结了一层厚厚的冰，战士们衣帽上全是霜花。村民们见此情景，都十分感动。“吃菜要吃白菜心，当兵要当新四军”的说法在华中抗日根据地人民中传为美谈。

一切行动听指挥，令行禁止，是军队纪律的集中体现和最高要求。从新四军的组建到挺进大江南北，从坚持敌后抗战到实施全面反攻，全军上下始终步调一致，令行禁止。抗战胜利之初，中共中央为使国共谈判取得成功，主动做出让步，决定长江以南的苏浙军区和第七师撤往苏北、皖北地区。指战员们虽然舍不得用鲜血换来的根据地，但他们坚决执行命令，7 天内，浙东 1.5 万人，第七师兼皖江军区 3 万余人胜利地完成北撤任务。由新四军第五师和八路军南下支队等组建起来的中原军区，在李先念、郑位三、王震、王树声的带领下，忠实地执行中共中央牵制国民党军的战略任务，以不足 5 万兵力牵制国民党 30 多万兵力长达半年之久，有力地支援了华北、华东和东北的斗争。1946 年 7 月 1 日，蒋介石向中原军区发起总攻，中原军区根据中央指示，各路部队密切配合，一举突出重围，从而粉碎了国民党蒋介石要在“三至六个月内”彻底打垮共产党领导的人民军队的梦呓。

令行禁止、秋毫无犯的铁的纪律，是新四军发展壮大、夺取胜利的重要因素，是培育和锻造铁军的坚强保证，是铁军精神的本色体现。

（六）新四军铁军精神是百折不挠、不怕牺牲的铁的意志

新四军之所以被誉为“铁军”，在于有一种精神一直贯穿新四军所有的战斗历程，彰显出这支队伍像钢铁一般坚硬、坚韧、坚强。这种精神就是勇往直前、敢打必胜的大无畏气魄，压倒一切敌人而绝不被敌人压倒的英雄气概，困难面前不退缩、危急关头不屈服的坚定意志，不怕流血牺牲、视死如归、前仆后继的精神风貌。

八年全面抗战，新四军几乎每日每时都在同日伪军进行着激烈的浴血奋战。总共作战 2.46 万余次，击毙日伪军 29.37 万余名，俘日伪军 12.42 万余名，还有 5.4 万余名日伪军官兵投诚、反正。新四军也付出了重大的牺牲，共伤亡指战员 8.2 万人，其中团级或相当于团级以上干部 328 人。在新四军英雄的画廊里，有着无数的英雄群像，上至叶挺军长，项英、袁国平、周子昆三烈士，罗炳辉副军长，彭雪枫师长，黄道、刘英、邓振询、罗忠毅、廖海涛、彭雄、田守尧、朱立文、巫恒通、鲁雨亭等坚毅顽强、睿智英勇的指挥员，下至以徐佳标、林心平、七女跳崖、九女投河为代表的英雄将士，以及后勤、军工、隐蔽等战线上的战斗员；还有许多革命英雄团体，如刘老庄连、老虎团、铁锤子团、大胡庄连、朱家岗英雄小鬼班、沙家浜连、浙东海防大队，皖南事变中上饶集中营里的英雄群体等，他们都以铁的意志为新四军的铁军传统写下英雄的篇

章，成为革命战争历史上不朽的丰碑。

尤其应该推崇的，是新四军军长叶挺。他是铁军精神的首创者，更是铁军精神的杰出践行者，在他身上，铁军精神尤其是铁的意志方面体现得最鲜明最充分。他任独立团团长时，就努力按照共产党人的标准，把部队建成“要红才能打胜仗”的革命军队。剿匪时，他冒着弹雨冲入匪穴，活捉匪首，把搜出的金银和钞币全部归还人民。平叛时，他宁愿牺牲自己，也不误伤百姓。在攻打武昌时，他冲在攻城的前列。临危受命就任新四军军长后，他亲赴延安，坦抒胸怀，奔赴南昌、广州、武汉等地，动员社会各界支持、参加新四军，旋即率部队挺进敌后，领导创建抗日根据地，亲自指挥反“扫荡”斗争。特别是“皖南事变”后，他被长期拘押囚禁，不但蒋介石亲自出面威逼利诱，还有顾祝同、陈诚等人软硬兼施，他都严辞拒绝，不为所动。他庄严声明：“我叶挺头可断，血可流，志不可屈！”他在狱中作《囚歌》，写《囚语》剖心明志，宁愿把牢底坐穿，也不苟且偷生。在他出狱的第二天，就致电中共中央，申请重新加入中国共产党。他坚定的理想信念、临大节不苟、宁死不屈的崇高革命气概和道德风范，是铁军精神亮丽的华彩。

新四军万千将士热血牺牲凝聚成的百折不挠的铁的意志，汇成了深入人心又持续不竭的力量源泉，喷薄出所向披靡、无坚不摧的强大伟力。正是靠这种百折不挠、不怕牺牲的精神，打败了日本侵略者。新四军铁的意志，是铁军的鲜明特质，是铁军精神的生动写照。

三、传承是最好的纪念

回望新四军走过的光辉历程，其历程之艰辛、牺牲之巨大、奋斗之顽强、战绩之辉煌，在世界军事史上罕见。新四军用忠诚与热血、思想与智慧铸就的铁军精神，光耀于史册，传颂于后代。

习近平总书记说："历史是最好的教科书，也是最好的清醒剂。"总结历史，是为了启示今天，开辟未来。比起新四军将士，我们多数人既是幸运的，也是幸福的。一代人有一代人的历史责任，一代人有一代人的使命担当。今天，我们的祖国在党的领导下，改革开放和现代化建设取得了举世瞩目的成就，我们比历史上任何时期都更接近中华民族伟大复兴的目标。身处伟大的时代，我们每个人要把个人的理想追求融入中国特色社会主义的伟大事业之中，自觉担负起国家富强、民族复兴的使命，把国家建设成为每一个公民都深爱并自豪的身心家园，也把个人价值寄托在对国家和人民的爱和奋斗中，在实现自我的过程中完成生命的意义。

（一）传承铁军精神，坚定理想信念

2009 年 3 月 30 日，习近平在全国培养选拔年轻干部工作座谈会上，集中论述了加强年轻干部理想信念教育的问题。他指出，共产主义远大理想和社会主义信念，是共产党人的立身之本，是我们党具有先进性的根本标志。共产党员有了这样的理想信念，站得就高了，眼界就宽了，心胸就开阔了，就能坚持正确的政治方向，科学地观察事物、判断形势，在胜利和顺境时不骄不躁，在困难和逆境时不消沉不动摇，经受住各种考验。

《新四军军歌》这样写道："千百次抗争，风雪饥寒；千万里转战，穷山野营。获得丰富的斗争经验，锻炼艰苦的牺牲精神，为了社会幸福，为了民族生存，一贯坚持我们的斗争！"这段歌词，生动而真实地反映

了崇高的理想信念对于新四军不畏艰难困苦、不怕流血牺牲、取得抗战胜利所起的重要作用。十年的战斗经历，新四军用铁军精神告诉我们：有了坚定正确的理想信念，不论遇到多么困难的处境，面对多么强大的敌人，遭受多么严重的挫折，都不灰心，不气馁，不悲观，不动摇，始终充满胜利的信念。

在改革开放的历史条件下，坚定的理想信念也是党员干部抵御各种诱惑和腐蚀的决定性因素。在岁月驱驰中，难得一颗不变的初心。走得再远，都不能忘记为什么出发，都不能丧失共产党人的理想信念。坚守共产党人的初心，就要自觉抵制各种名利的诱惑，时常想想为什么出发、从哪里出发、要到哪里去。只有想清楚这些问题，才能真正以奋斗者的姿态干事创业。党的未来和希望，国家的未来和希望，就在我们的手中。如果没有坚定的理想信念，就会在生活和工作中迷失方向，这直接关系到我们每个人的命运，关系到我们党的前途，关系到新时代中国特色社会主义事业的兴衰成败。

（二）传承铁军精神，坚持开拓创新

抗战时期，新四军在艰难困苦之中，在日伪顽夹击之中，勇于创新，因地制宜，以己之长，克敌之短，英勇果敢，越战越强，让敌人胆战心惊。开拓创新作为铁军精神的重要内涵，源于新四军将士听党指挥、救国救民的忠贞信念，源于铁军英勇善战、机动灵活的战斗作风，源于一切从实际出发、实事求是的思想路线。习近平总书记指出：“创新是一个民族进步的灵魂，是一个国家兴旺发达的不竭动力，也是中华民族最深沉的民族禀赋。”党的十九大报告指出：“发展是解决我国一切问题的基础和关键，发展必须是科学发展，必须坚定不移贯彻创新、协调、绿色、

开放、共享的发展理念。”“创新是引领发展的第一动力，是建设现代化经济体系的战略支撑。”进入新时代，为了实现中华民族的伟大复兴，也为了让中国强大起来，并且满足人们对于美好生活的需要，必须进行各种方式的创新。创新是勇气，是智慧，是担当。

（三）传承铁军精神，永远艰苦奋斗

习近平总书记在2018年春节团拜会上，深情地说，“新时代是奋斗者的时代”。“奋斗本身就是一种幸福，只有奋斗的人生才称得上幸福的人生。”艰苦奋斗永远不会过时。幸福不会从天而降，坐而论道不行，坐享其成更不可能。要创造美好生活、得到幸福，必须不懈奋斗。无论是中国共产党“为中国人民谋幸福，为中华民族谋复兴”的初心和使命，还是人民日益增长的美好生活需要和不平衡不充分发展之间的矛盾，都要求付出更为艰巨、更为艰苦的努力。只有奋斗，才能创造更多更好的物质财富和精神财富，不断丰富幸福的内涵、提升幸福的层次；只有奋斗，才能不断增强成就感、尊严感、自豪感，在创造美好生活的过程中感受幸福。“九层之台，起于垒土。”只有不驰于空想、不骛于虚声，一步一个脚印，踏踏实实地干好每一项工作，以永不懈怠的精神状态和一往无前的奋斗姿态狠抓落实，才能深入推进江苏“两聚一高”新实践，在高水平全面建成小康社会决胜阶段创造新的过硬成果，展开基本现代化建设新探索，展现江苏发展的新气象新作为，才能将美丽愿景变为美好生活。

所有人，包括孩子，都应该再回望一下那个年代，看一看真实的铁军历史、人物、故事，从而感恩今天的一切，向为今天美好生活付出生命代价的先烈致以崇高敬意。

【延伸阅读】

一、铁的信念篇

（一）对党忠贞不渝的叶挺军长

叶 挺

1937年7月7日日军全面侵华战争爆发后，在中国共产党倡导的抗日民族统一战线旗帜下，国共两党经过曲折复杂的谈判，留在南方八省的红军游击队组建成国民革命军陆军新编第四军，简称新四军。

从一定意义上说，新四军是在民族利益高于一切、国共两党共同抗日救国的基础上平衡的产物。中国共产党是从抗日救国大局出发，提出要南方红军游击队下山改编，以便走上抗日救国最前线，实现直接对日作战；而蒋介石则是为了其统治的安宁和借对日作战来消灭异己。所以在组建过程中，军长人选的问题，双方斗争很是激烈，难以达成一致。国民党原意要陈诚或张发奎任军长，中共不同意；中共提议由叶剑英或彭德怀任军长，国民党又反对。

周恩来代表中共中央同国民党进行谈判时费心思虑。在国共合作的环境里，这个人既要得到国民党的赞同，又能服从中共中央的指示。周恩来想到了叶挺，认定他是最合适的人选。

叶挺（1896—1946），原名叶为询，字希夷，号西平，广东惠阳客家人。叶挺之名是当年腾云学堂教师陈敬如为他改的，意为“人要上行，叶要上挺”。

叶挺先后毕业于广东陆军小学、武昌陆军第二预备学校和保定陆军军官学校，1919 年初在粤军中任支队副官，同年加入国民党。1921 年任孙中山陆海军大元帅府警卫团第二营长，1924 年赴苏联入莫斯科东方大学和红军学校中国班学习，同年先后加入共青团和共产党。1925 年回国后担任国民革命军第四军（粤军）十二师三十六团团长，参与组建以共产党员为骨干的第四军独立团并任团长，在湖北汀泗桥和贺胜桥等战役中获“北伐名将”美誉。北伐军占领武汉后，部队扩编，升任第十一军第二十四师师长。南昌起义爆发时，任前敌总指挥兼第十一军军长。参加广州起义时，任起义军工农红军总司令。广州起义失败后，1928 年，叶挺接到党的通知，前往苏联“学习”。1928 年秋，叶挺到了德国首都柏林。九一八事变后，日本占领了东三省。密切注意国内局势的叶挺觉得再也不能待在国外了，他离开德国，于 1932 年来到澳门，结束了海外流亡生涯。1933 年 11 月，叶挺到福州，帮助蔡廷锴、蒋光鼐等人在“福建事变”后成立“中华共和国人民革命政府”。

1937 年 7 月，周恩来赴庐山与蒋介石谈判。借着这个机会，由潘汉年安排，他和叶挺于 8 月中旬在上海见了一面。在这次简短的会谈中，周恩来告诉叶挺：当前他正和蒋介石谈判红军部队的改编问题，待这一任务解决之后，南方八省红军游击队的改编问题，就会提上议事日程。周恩来希望叶挺能够参加这支部队的改编工作。他示意叶挺可择机向陈诚、张发奎等表示一下自己领导这支部队的意愿，借以取得他们的支持。

八一三淞沪抗战爆发后，叶挺找到保定军官学校的老同学、当时正在上海指挥作战的第三战区前敌总指挥陈诚，表明自己希望参加南方红军游击队的改编，并建议成立一支名为“国民革命军新编第四军”的正规抗日部队，以示继承北伐战争“老四军”的优良传统，表明国共两党的再次合作。陈诚听了表示同意，答应由他出面向蒋介石疏通。

在上海危急、南京朝不保夕的严峻形势下，蒋介石采纳了陈诚的保荐。9月28日，在没有征得中国共产党同意的情况下，国民政府军事委员会就发出通报，宣布经“委员长核定”，“任命叶挺为国民革命陆军新编第四军军长”。

对于任命叶挺当这个军的军长，蒋介石如此痛快地点头，其实是认为可以借助叶挺之手控制这支部队，从而在冠冕堂皇的“团结抗战”旗号下，或者把这支部队改造成国民党的军队，或者把它送上前线，借日寇之力削弱这支部队，最后达到将它消灭之目的。在叶挺被任命后，鉴于情况复杂，党中央和毛泽东在没有充分了解叶挺对党的路线政策持何种态度之前，并未简单予以肯定，而是相当慎重地与周恩来保持联系，并就叶挺是否愿意接受党的领导而不受国民党干涉等问题多次电询在南京的博古（秦邦宪）、董必武和叶剑英，决定请“叶挺来延安商谈”之后“再行决定”。

对于党中央的慎重处理，叶挺表示理解，并郑重声明：希望留在党的组织外，但他完全拥护中国共产党的政治战略，完全接受党的领导，愿意到延安去与中央负责同志当面商谈。他还表示，如党中央不赞成他做军长，他仍可辞职。10月下旬，叶挺离开南京，途经武汉、西安，于11月初来到延安。

在延安，毛泽东等亲自迎接他，为他设宴接风，多次进行广泛交谈，并陪他到抗大、党校等地参观。在谈话中，二人开诚布公，真挚恳切，对于抗战的发展趋势、独立自主原则、广泛开展游击战争、创造敌后根据地等重大问题，都有详尽的探讨，并相互取得了充分的理解和信任。交谈结束后，由毛泽东亲自主持，在抗大礼堂举行了欢迎叶挺的干部大会，正式宣布了叶挺任新四军军长的决定。

在欢迎大会上，叶挺谦逊而又坚定地说："同志们欢迎我，实在不敢当。革命好比爬山，许多同志不怕山高，不怕路难，一直向上走，我有一段爬到半山腰又折回去了。现在又跟上来，今后一定要遵照党所指引的道路走，在党和毛主席正确领导下，坚持抗战到底。"他是这样说的，也正是这样做的。

叶挺从延安回到了武汉。出任新四军军长的叶挺，怀揣着的是蒋介

1938 年 10 月毛泽东在延安接见叶挺

石的委任状，身穿着国民党的将军服，但其实一直是白皮红心，对共产党忠贞不渝。他在党的领导下，以极大的热情，为解决新四军所急需的人才、物资、经费和武器弹药而四处奔走。新四军组建后，叶挺率领新四军广大战士，遵循党中央的指示，深入敌后，坚决贯彻执行党中央的正确路线，广泛开展游击战争。从此后，大江南北，捷报频传，日伪军遭到沉重打击，新四军声威大震。华中辽阔的抗日战场上，展现出一派抗日斗争的崭新局面。

1941 年 1 月，国民党顽固派制造震惊中外的“皖南事变”，在遭国民党军重兵包围的严重情况下，叶挺指挥部队奋起突围，浴血奋战八个昼夜之久，在奉命与国民党军交涉时被扣押，入狱五年。这期间，他写下了著名的《囚歌》。在这首狱中写就的诗里，叶挺慷慨壮烈，大义凛然，宣示着他坚定高昂、百折不挠的革命意志与信仰：

为人进出的门紧锁着，
为狗爬出的洞敞开着，
一个声音高叫着：
——爬出来吧，给你自由！
我渴望自由，
但我深深地知道
人的身躯怎能从狗洞子里爬出！
我希望有一天，
地下的烈火，
将我连这活棺材一齐烧掉，
我应该在烈火与热血中得到永生！

对于蒋介石的威逼利诱，叶挺将军严词拒绝；而对于好友陈诚劝其前往缅甸御敌的请求，他也婉言相拒。他先后被囚于江西上饶、湖北恩施、广西桂林等地，最后移禁于重庆“中美特种技术合作所”集中营。

四八烈士纪念碑

1946 年 3 月 4 日，经中共中央多方面的努力，叶挺始获自由。出狱后第二天，叶挺即电告中共中央，请求重新加入中国共产党。他说：“我已于昨晚出狱。我决心实行我多年的愿望，加入伟大的中国共产党，在你们的领导之下，为中国人民的解放贡献我的一切。我请求中央审查我的历史是否合格，并请答复。”3 月 7 日，中共中央、毛泽东电告叶挺，批准其加入中国共产党，并以“亲爱的叶挺同志”相称。

1946 年 4 月 8 日，叶挺乘飞机由重庆回延安，因飞机在山西兴县黑茶山附近失事，遇难身亡，同机遇难的还有王若飞、博古（秦邦宪）、邓发等中共重要领导人以及叶挺的妻子李秀文、五女儿叶扬眉和尚未取名的幼子阿九。噩耗传出后，毛泽东在《解放日报》上发表悼词说：“为人民而死，虽死犹荣。”后来，叶挺的遗体葬于延安“四八烈士陵园”。

70 多年过去了，叶挺波澜壮阔的革命斗争生涯至今仍被人们广泛传颂。其忠诚为党、为人民而死的坚贞信仰与牺牲精神，让人深深怀念和敬仰。

（二）谭余保差点误杀陈毅

1937年8月1日，中共中央就根据全国政治形势的变化，发出了《中央关于南方各游击区域工作的指示》，指示南方红军游击队在保存和巩固革命武装、保证共产党的绝对领导原则下，可与国民党地方当局进行谈判，“改变番号与编制以取得合法地位”。1937年9月至12月，领导南方八省游击队的中共中央分局派人分赴各地，动员游击队下山，结果有些同志被当作叛徒杀害了。就连陈毅前往永新县九龙山寻找湘赣边游击队时，也被中共湘赣边临时省苏维埃主席谭余保等误认为叛徒，差点被“砍掉脑壳”。

湘赣边游击队是一支很坚强的队伍。1935年3月，在一次同国民党军队的激烈战斗中，湘赣边军区司令员彭辉明光荣地牺牲了。由于湘赣省委书记兼军区政治委员陈洪时叛变投敌，跑到国民党反动派那里当“招抚专员”去了，整个部队几乎垮掉。在这危急关头，立场坚定的谭余保挺身而出，集合了失散的同志，组成湘赣临时省委、湘赣边区军政委员会和湘赣边游击司令部。在成立大会上，他庄严宣誓：“湘赣边区是毛泽东同志亲手建立的根据地，树在这里的红旗决不会倒！”

谭余保

此后，他们依靠党的领导和人民群众的支持，以武功山为依托，一次又一次地粉碎了敌人的“清剿”，并在斗争中壮大了自己，扩大了游击区。但是，国民党反动派消灭游击队的贼心不死，直到1937年9月，还集中了十几个保安团进攻湘赣边主力所在地——九龙山地区。因此，他们对敌人利用软硬两手消灭游击队的阴谋，始终保持着高度的警惕。

为执行党中央的战略决策，陈毅不顾个人安危，亲自上九龙山去找湘赣游击队，想要说服他们下山接受整编。由于脚有伤疾，陈毅乘坐轿子上山。上山的路越来越崎岖，山路两边的树林也越来越茂密。突然，路旁的树上跳下一个人来，端着枪喝道："站住！干什么的？"陈毅让轿夫落轿后，从轿中走出来，语气平和地说："我从吉安来，有事找你们首长。"哨兵并没有放松警惕，问道："有介绍信没有？"陈毅将中共中央分局负责人项英写的介绍信递了过去。哨兵接过介绍信看了看，将陈毅带到了山上。上山后，陈毅就被严密监视起来。当游击支队参谋长段焕竞和政治部主任刘培善接见陈毅时，他耐心地、反复地向他们宣讲了当前的抗日救亡形势和党的抗日民族统一战线主张，从白天一直谈到深夜。段焕竞等人听了觉得很有道理，但仍然没有打消对陈毅的怀疑。当陈毅提出要他们带领队伍下山接受整编时，他们坚决拒绝说："我们是谭余保同志领导的，没有他的命令，我们决不下山。"陈毅就要求他们第二天派人将他送到谭余保那里去。

陈 毅

当湘赣游击支队派人将陈毅送到中共湘赣临时省委所在地甘子山时，陈毅同样没有得到热情款待，而是险遭杀身之祸。

一到那里，陈毅还没有说明来意，就听有人喊道"绑了他"，然后就被绑在省委住处的竹棚外边，由专人看管起来。而棚子的那一边，省委正在研究怎样处理他。由于彼此只隔一道竹墙，说话的声音都能听得见。棚子那边，省委谈到不久前报纸上登过“江西省共产党首领陈毅投诚”的消息，认定陈毅已然叛党，决定要把他当作叛徒处理时，陈毅急得在棚子这边跺脚大喊：“不能杀！不能杀！杀掉我，你们要犯大错误！”

次日，省委在周围是一片树林的空地上召开公审大会。与会的同志中，许多人目光里充满着敌意。

谭余保从竹棚一边走出来时，大家对他肃然起敬。陈毅见他身佩驳壳枪，头戴红军帽，手里拿着根竹根做的长烟管，就开口问道：“你就是谭余保同志吗？”

“谁是你的同志？我知道你早就叛变了！”谭余保答。

“我是代表党来的。”

“你代表哪个党？代表国民党？”

“我是陈毅。”

……

在争辩中，陈毅侃侃而谈，以高屋建瓴之势，谈到了共同抗日，谈到了党改编红军的主张。他说：“我讲的这些政策，是党中央的决定，还是个人的意见，你可以派人下山看一看。你有意见，可以向中央讲。……”

当谭余保激动地打断陈毅的话，并指责陈毅“耐不得苦就叛变”时，陈毅也很是恼火，他说：“你们在这样艰苦的环境下坚持游击战争，我非常佩服。骂我叛徒，我也不见怪。你们出于朴素的阶级感情，很难突然接受党的民族统一战线政策，这也是不难理解的。但是，我讲项英、叶剑英派来的，你不管，毛泽东、斯大林派来的，你也要抓起来。谭余保同志，你已经离开党的原则立场了。”他接着大发脾气：“谭余保，你用枪毙那套吓不住我，我陈毅怕死就不出来闹革命。你派人到南昌、到延安、到吉安去调查吧。只要你是共产党员，你就不能枪毙我。你是土匪，你就枪毙我吧。你开枪啊！”

陈毅一发怒，倒把谭余保震住了。人们的头脑逐渐冷静下来。在这之后，又经过几次谈话，大家逐渐感到对陈毅的怀疑未必妥当。为了弄清事实真相，谭余保决定派出一个交通员下山，到吉安等地了解情况。带着陈毅的亲笔信，交通员找到吉安新四军留守处。留守处的同志向他讲解了当前形势和党的政策，明确表示陈毅同志是代表党上山联络的。于是，交通员带了《中央委员会告全党同志书——为了巩固国内和平，争取民主权利，实现对日抗战而斗争》等文件，连夜赶路回山。

一场误会化解了。面对谭余保的道歉，陈毅紧紧握住他的手说：“你斗争坚决，警惕性高，是个好同志！”不久，湘赣边的游击健儿，告别掩埋着烈士的坟墓，走出了掩护他们坚持斗争的武功山、九龙山、武里山、牛心山、甘子山、杨梅山等深山密林，奔向指定的集中地点——莲花县的龙上村。

其他游击部队的下山改编也是经历了许多艰难曲折而完成的。1937年12月25日新四军军部在武汉成立时，部队仍分散在南方各游击区的山头上。接下来短短的两个多月时间内，陈毅、张云逸、邓子恢、曾山等同志分头出发，克服了重重困难与险阻，披星戴月奔走在各个游击区之间，向游击队分析当前形势，传达党的方针、政策，动员他们下山接受整编。经过艰苦细致的思想政治工作，散布在南方8省14个地区40多个县且一直与国民党作殊死战斗的红军游击队，于1938年春胜利地完成了下山、开进、集中整编任务，终于汇成一股洪流，高举团结抗日大旗，组成了英雄的新四军。

二、铁的担当篇

（一）蒋家河口首战开门红

1938 年 4 月初，历经许多复杂曲折的过程，江南游击队部分陆续抵达皖南岩寺，改编为新四军第一、第二、第三三个支队；江北游击队部分陆续抵达皖北霍山流波疃，改编为新四军第四支队。5 月份，新四军从上述两地开赴抗日战场，第一、二、三支队先后挺进江南沪宁一线，第四支队向江北皖东地区挺进。

当时，淞沪战役以后，特别是攻占南京后，日军就再也没有遇到过中国军队强有力的抵抗。在日军猖狂进犯下，国民党军队闻风而逃，纷纷溃退。大片锦绣河山沦入敌手，老百姓生活在水深火热之中。

在民族危亡的关头，新四军指挥部决定要打击日军的嚣张气焰，鼓舞新四军将士的士气，振奋民心。这时，奉中共中央之命挥师东进的第四支队刚到达皖中，司令员高敬亭决定，派第九团率先进入巢县的银屏山区，寻机打击日寇。5 月 12 日，江北新四军在蒋家河口首战告捷，从此，中国人民抗日战争史上掀开了新的光辉篇章。

作为先遣队的第九团经过周密侦察和充分准备后，很快便确定了设伏蒋家河口歼敌作战的详细计划，并决定由团侦察队和二营四连、六连执行此次作战任务。指战员们连日来沿途目睹了日寇的烧杀淫掠暴行，无不义愤填膺，因此在战斗动员时，战士们摩拳擦掌，杀敌情绪十分高涨。5 月 11 日傍晚，部队像一把利剑直插蒋家河口。

5 月 12 日拂晓，战士们按预定计划完成了设伏。上午 8 时左右，巢县方向的河面隐约传来汽艇的嘟嘟声，大家顿时警觉起来。汽艇靠岸后，从来没有受到过抵抗的日军毫无防备，个个倒背着枪，大摇大摆上了岸。随着营长黄仁庭一声令下，参谋郭思扣动扳机。只听“砰”的一声，一个鬼子应声倒地。这是新四军抗日打响的第一枪！

战斗的信号打响了！两岸埋伏的战士们手中的机枪、手榴弹一齐怒吼。密集的火力射向敌人，鬼子们纷纷中弹毙命。整个战斗行动迅速，干净利落，仅用20分钟就全歼了25名嚣张的日寇，缴枪15支，而新四军战士则无一人伤亡。

蒋家河口战斗是新四军组建后在抗日战场上打的第一仗。首战告捷，军威大振。各地军民纷纷发来电报，祝贺胜利。5月15日，《新华日报》刊登了题为“新四军在蒋家河口阻击日军获胜”的新闻。国民党中央政府在武汉的报纸上也宣传了新四军在蒋家河口的捷报。5月16日，蒋介石特地给新四军军长叶挺和副军长项英去电嘉慰：“贵军四支队蒋家河口出奇挫敌，殊堪嘉慰，希饬继续努力为要（这份文稿现保存在中国革命历史博物馆里）。”

蒋家河口伏击战，虽规模不大，但影响较大，它打击了日军的嚣张气焰，鼓舞了新四军的抗日士气，拉开了华中敌后游击战争的序幕。

（二）韦岗伏击战：新四军挺进江南第一战

韦岗伏击战是新四军挺进江南的第一战，在整个新四军的历史上也具有很高地位。

新四军成立后，中共中央就指示新四军主力向江南挺进，开展敌后游击战争，创建抗日民主根据地。根据中央的这一指示，新四军从第一、第二、第三三个支队中抽调精干人员400余人组成新四军先遣支队，由第二支队副司令员粟裕任先遣支队司令员，于1938年4月28日从岩寺

出发，经太平、青阳、南陵等地向江南挺进，进行战略侦察。5 月 19 日，先遣支队进入日军占领的江苏南部地区，随即分成三个组对南京、常州、镇江方向进行武装侦察，搜集日军情报，调查苏南沦陷后的社会情况，为新四军主力进入苏南敌后作前期准备。

先遣支队在侦察中发现镇江至句容公路上，日军汽车运输队来往频繁，决定在镇江西南 15 公里处的韦岗打一次伏击战。6 月 16 日凌晨，粟裕召开了连以上干部会议，部署韦岗伏击战斗。会后立即冒雨挥师东进。17 日凌晨，伏击部队到达赣船山附近，陆续进入伏击阵地。8 时许，日军军车从镇江方向开来，刚进入新四军火力网，粟裕一声令下，战士们机枪、手榴弹齐上阵，将日军军车打翻在公路上。六七分钟后敌军官轿车驶来，新四军四个班以轻机枪和手榴弹的猛烈火力把轿车打得周身冒火，车子冲到一个土埂上，又退回来，翻倒在路旁水沟里。坐在驾驶室里的日军少佐土井当场毙命，大尉梅泽武四郎指挥日军负隅顽抗。粟裕身先士卒，带领战士们向山下冲去，仅半小时，就干净利索地结束了这场战斗。这场战斗共计击毙日军少佐土井、大尉梅泽武四郎以下 20 余名，击毁汽车 4 辆，缴获长短枪 20 余支、日钞 7000 余元，日军军旗、军刀、军服以及车中食物、保险箱、被服等军用物资无数。

韦岗伏击战粉碎了具有机械化优势的日军不可战胜的神话，赢得了新四军江南首战的胜利，鼓舞了沦陷区人民的抗日斗志，迅速扩大了新四军在江南敌后的影响。

（三）忠贞壮烈、气吞山河，刘老庄连永放光彩

2015 年 9 月 3 日，为了纪念中国人民抗日战争暨世界反法西斯战争胜利 70 周年，天安门广场举行盛大阅兵仪式，其中“刘老庄连”英模部

队接受了祖国和人民的检阅。

这是一支英雄连队。当年，面对20倍于己的日伪军，全连82名壮士毫不畏惧，奋勇拼杀，激战至最后一息也不屈服，最终全部壮烈殉国！这支彪炳史册的连队，就是新四军第三师七旅十九团二营四连。

1943年3月17日拂晓，日军纠集3000多人马，携带大量轻重机枪、掷弹筒及山炮、迫击炮等大小火炮100余门，向淮海抗日根据地进犯，分兵十一路合围驻六塘河北岸的淮海区党政领导机关。“扫荡”的敌人中，进攻最快、最猖狂的是淮阴城里出动的日伪军。

刘老庄是淮阴城北四十里的一个小村庄，离淮沭公路不远，正处在敌人北犯的路旁。二营领导在得到敌人“扫荡”的情报后，立即命令恰巧驻宿于刘老庄的四连在刘老庄一线展开阻击战斗，掩护部队及群众安全转移。

这次受领作战任务，指战员们深感肩上责任重大。他们知道，此次敌人倾巢出动，旨在一举扑灭我苏北抗日部队，气焰十分嚣张。而四连全连仅82人，武器仅有步枪、手枪及少量机枪、手榴弹，防御工事就是村前的简易交通壕沟。看来要在这里拖住敌人，必将有一场恶战。但为了使领导机关安全转移，全连官兵同仇敌忾，都把生死置之度外，誓与日寇血战到底。

连长白思才先是紧急集合了一个排，守卫在村庄东头的大路口，以阻击敌人。不一会儿，敌人由远而近向刘老庄围拢，枪炮火力封锁住村庄的出口，把四连困在铁桶似的包围圈中。面对这一严重情况，连长白思才和指导员李云鹏经过商议后，当机立断，命令全连战士撤到刘老庄后边一片开阔地带的交通沟里，誓死守住阵地。

上午9时许，敌人第一次冲锋开始了。日军步兵四五十人的小分队，在炮火的掩护下，向四连阵地猛冲过来。当敌人前进至距阵地不到 30 米远时，遭到四连火力的猛烈扫射。敌人被打得直不起腰，抬不起头，只好卧倒。战士们满以为敌人必定要匍匐前进，于是停止射击，准备好手榴弹等着敌人。哪知等了半天，敌人并没有前进，却倒着爬回去了。战士们嘲笑说：“只有日本‘皇军’的步兵操典上才有匍匐后退！”

敌人随即增加了火力和兵力，一次次地向四连的阵地发起更大规模的冲锋，企图及早解决战斗，以便争取时间围歼淮海区机关。面对气势汹汹、数倍于己的敌人，四连采用阵地阻击、反冲击和白刃格斗等战术，英勇顽强地抗击敌人，又接连打退了敌人的四次冲锋，牢牢地守住了阵地，使敌人寸步未能前进。紧张而又残酷的战斗让大家忘却了饥饿与疲劳。每一个排、每一个班、每一个战斗小组，在敌人每次冲锋前的一点间隙里，都抓紧时间在战壕里修补工事，挖掘掩体，研究如何更多地杀伤敌人，更好地保护自己。战斗一直持续到中午。

小小的刘老庄竟然如此难以攻下，这着实让敌人不由得气急败坏。日军指挥官知道这样“硬”攻不行，便集中了所有的山炮和其他炮火，对四连的阵地进行疯狂的炮击。一时间，弹如雨下，阵地上硝烟滚滚，弹片横飞。然而，敌人的炮火摧毁不了战士们的斗志：工事毁了，立即修复好；掩体塌了，马上用背包填上去；人员负伤了，包扎起来继续战斗。就凭着这样简单的掩蔽和战士们的顽强斗志，四连的勇士们和敌人又搏斗了五六个小时，阵地始终岿然不动。

傍晚时分，敌人的炮击停了下来。残阳如血，照射得阵地更显惨烈。此时，全连仅剩 20 多名伤员，白连长的右手被弹片炸伤了，李指导员的头部也负了重伤，机枪、步枪子弹不足千发。他们预感一场恶战即将来临，

“刘老庄连”连旗

便拆毁多余的武器，撕毁并焚烧了文件，严阵以待，准备同敌人展开肉搏战。在这生死存亡的最后关头，炊事员、司号员也拿起了钢枪，誓与阵地共存亡。

借着暮光的掩护，敌人从四面八方蜂拥而来。四连战士们手端刺刀，一跃而上，冲向敌群，与日本鬼子展开了白刃格斗。刺刀捅弯了，就用枪托砸；枪托砸坏了，就用铁锹砍、牙齿咬。一时间，刀光起落，杀声震天。苦战至黄昏，终因寡不敌众，弹尽粮绝，四连全体指战员全部壮烈牺牲。

此一战，四连82名勇士浴血奋战，在刘老庄整整坚守了12个小时，把3000多日伪军死死拖住，使敌人付出了亡170多人、伤200余人的代价，粉碎了敌人的“扫荡”计划，胜利完成了掩护淮海区机关和群众转移的任务。

对于烈士忠诚使命、一往无前的英勇行为，陈毅代军长说这是“惊天地泣鬼神的壮举”；朱德总司令更是在《论解放区战场》中，称赞82名烈士是人民军队“英雄主义的最高表现”。新四军第三师师长黄克诚悲痛之余，以第三师党委名义命名第四连为“刘老庄连”。随后，以涟水独立团某连为主体，组建新的四连，这是第一批“刘老庄连”官兵。

三、铁的团结篇

（一）两块银圆尽显军民鱼水真情

1942年秋，淮河北岸津浦铁路西、在敌占区边缘的一个小村庄，有一天迎来了新四军彭雪枫领导的游击支队二团十连。连队住下后，就向群众宣传新四军是抗日的队伍，是老百姓自己的队伍，军民要团结合作，抗日救国。各个班都主动打扫庭院，担满水缸，尽力为各家做些好事。

当连队要转移驻地时，连队纪律检查组到各家告别道谢，征求意见，做到借物要归还、失物要赔偿，严格遵守三大纪律八项注意，以体现人民军队所到之处秋毫无犯。

当时有一家的一位老大娘，眼里含着泪水诉说家里存放的两块银圆不见了。纪律检查组及时将此情况向连长和指导员做出汇报。连干部们很着急，问了住在老大娘家中的班长，班长问了战士，都说对此毫不知情。班长十分不安，对全班战士进行了搜查。然而，什么都没有搜到。接着，党支部委员开会讨论。会上大家一致认为：我们的战士决不会偷老百姓的东西。但是，我们住在大娘家，现在她家出了事，我们自然难逃干系。这事要是流传出去的话，对我军声誉会造成很坏的影响。最后，党支委会研究决定，从伙食费中拿出两块银圆赔偿给大娘。当把钱赔偿给大娘时，她一再推辞，后来总算是勉强收下了。

过了两天，连队在新的驻地正准备召开军民联欢会时，原先驻地的那位老大娘一家三口突然来了。大娘是由她的儿子用手推车推着过来的，儿媳妇也跟着。见了连长和指导员，大娘开口就说："大娘向你们赔不是来了！很对不起你们啊！"原来当初是她儿子外出时，没打招呼，就把两块银圆拿出去买东西去了。儿子也连忙说："这是我的错！都怪我

战士损坏群众家具后向房东道歉赔偿，房东推让坚决不收

外出时拿了钱没有告诉老母亲，反要部队赔偿，太不应该了！”误会终于消除了，老大娘把部队赔偿的钱还给了连队。

这件事一下子轰动了全连和全村老百姓。大家说：“这是件军民团结的好事，应当在军民联欢会上讲给大家听听。”指导员就带着老大娘登上会场演出台，讲述了丢失两块银圆的误会。大娘反复强调说：“我要向部队赔不是！真没见过这么好的军队，新四军真是咱老百姓自己的队伍，真是军民一家亲啊！我对抗日没什么贡献，只带来两双布鞋送给同志们穿，也算为抗日出点力。”老大娘的讲话得到台下听众的热烈鼓掌。这时，当地有声望的一位老人走上演出台，满怀着激情说道：“这实在是件军爱民、民拥军的大好事！新四军不愧是老百姓称道的天下文明第一师啊！我们要军民团结，有钱的出钱，有力的出力，保卫家乡，打倒日本侵略者！”台上台下顿时一片欢腾。

两块银圆引出的一场误会，就这样演变成了军民团结鱼水情深的一场盛会。后来，这个故事一直在当地广为流传。

（二）车桥战役中牺牲的日本战友——松野觉

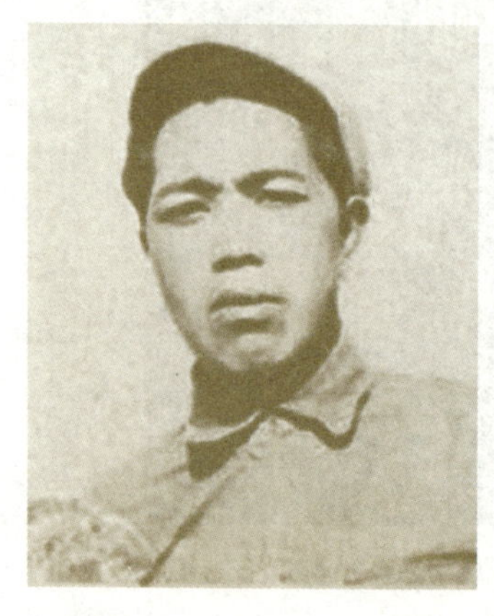
松野觉

在抗日战争中，曾经有一批日本战友，他们与中国人民站在同一条战线上，对日本军国主义者进行了英勇不屈的斗争。有的日本战友的鲜血就洒在了中国的土地上，松野觉就是其中的一位。

松野觉是日本广岛人，1940 年 1 月应征入伍，曾在日军独立十二旅三中队当过上等兵。1942 年 12 月，在苏中如皋县的一次战斗中，被新四军一师三旅八团俘获。被俘之初，他一直大吵大闹，眼中充满着仇视之光，口中反复说着一句话："你们打死我吧！"后来，经过耐心的启发教育、反复说明我军的俘虏政策以后，他的对立情绪开始逐步消除。其后，他被送到师部集中。

在师部时间长了，他看到新四军官兵之间的关系与日军大不相同，长官非但不打骂士兵，也没有官架子。像粟裕师长、钟期光主任在行军时，常与部下亲切交谈，有时还把马让给病号。官兵在生活上也是相差无几，服装一样，伙食也差不多。新四军与老百姓的关系更是亲密无间。而老百姓对日本战俘也很照顾，有的战俘病了，还煮鸡蛋面条给他们吃。这些活生生的事实，使松野觉的心灵受到很大震动。原来在日本也吃过苦的他，经过新四军官兵和其他被俘的日本战友的启发帮助，很快提高了觉悟，积极要求参加新四军。鉴于松野觉的表现，组织上批准他的要求，接受他成为一名真正的新四军战士。

1943 年秋，日本人民反战同盟成立，松野觉当选为支部宣传委员。不久，日本人民共产主义同盟苏中支部在一师成立，包括松野觉在内的 7 名反战同盟中的优秀分子终于成长为共产主义战士。从此后，作为一名反对日本军国主义的坚强战士，松野觉工作更加积极了。

1944 年 3 月，新四军在苏中地区发动车桥战役，揭开了华中抗战战略反攻的序幕。这是一次十分重要而又艰难的攻坚战，新四军七团担任主攻任务，松野觉是二营五连组成的十人突击队的一员。

3 月 5 日凌晨，攻击车桥的新四军部队按预定计划出击了。松野觉手拿喇叭筒、背着自己亲手做的用来发射反战传单的弓箭，紧紧跟随在其他突击队员的后面，穿过街道小巷，拿起喇叭筒喊话。但因风急风大，声音送不到日军那边去。他几次要求到铁丝网前去喊话，都因太过危险，而被拉了回来。七团团长兼政委彭德清考虑到他的安全，让他不要着急，等先头部队弄清敌情，选好安全位置后，再让他去喊话。松野觉却等不及了，冲过敌人的警戒线，到距离一个日军大碉堡更近些的连阵地去喊话，但效果仍然不佳。松野觉急得团团转。后来他索性丢掉喇叭筒，钻进阵地最前面那个刚刚被新四军占领的小碉堡里去。这个小碉堡与日军大碉堡相距只有 30 米左右，枪洞口对着枪洞口，彼此都看得见碉堡里面的活动。松野觉紧靠着枪洞口大声地向日军喊话，还拿枪向碉堡里射击，亲手消灭了几个负隅顽抗的敌人。突然，一颗子弹飞来，正击中他的头部。松野觉哼了一声，倒下了。突击队员们闻声赶来，年仅 26 岁的他已经停止了呼吸。

松野觉光荣牺牲后，新四军专门为他召开了追悼会，《苏中报》为他出了专刊，对他在抗日战争中作出的贡献给予了高度评价。在追悼会上，日本人民反战同盟苏中支部负责人滨中政志致辞道："松野觉同志来到

新四军后，他的进步是有目共睹的……”他的死为日本人民反战同盟苏中支部战斗史上增添了光辉的一页，他也将永远受到中国人民的纪念和尊敬。

四、铁的作风篇

（一）五保繁昌敌胆寒

> 皖南门户，长江边上，平静的繁昌，成了烽火连天的战场……峨山头的搏斗，塘口坝的血战，我们用雪亮的刺刀，暴烈的手榴弹，火力猛烈的机关枪，前仆后继的冲锋，把敌人打下山冈……

1940年春天，一曲铿锵有力的《繁昌之战》在中国大地上传唱。该歌曲讲述了1939年新四军与日军五次争夺安徽繁昌县城，浴血奋战的故事。

谭震林

繁昌是皖南的门户，随着全国抗战进入艰苦的战略相持阶段、皖南成为抗战前哨，其战略地位更是凸显，成为中日双方必争之地。为维护长江交通运输和巩固占领区，进而撵走皖南的新四军，打通浙赣，接济侵犯武汉的日军，日本华中派遣军其后多次攻打繁昌县城。而驻守繁昌的新四军三支队与繁昌人民团结协作，浴血奋战，使日军陷入了人民战争的汪洋大海，从而取得一次又一次胜利。

一保繁昌：1939 年 1 月 10 日，日军首次进犯繁昌，11 日占领繁昌。13 日，第三支队集结主力进行反击，收复繁昌。

二保繁昌：2 月 5 日，日军 300 余人再次进犯，繁昌被攻占。第三支队随后反击，迫敌退出繁昌。

三保繁昌：5 月 20 日，日军纠集 1000 余人，第三次进犯繁昌。21 日，日军在两架飞机配合下，猛烈进攻，激战四小时后，我军主动转移。22 日，我军在繁昌外围继续给予日寇以杀伤。23 日，谭震林指挥配属第三支队作战的第一团，向日军发起反击，日军被迫撤退。四天激战，毙伤日军 300 余人。

四保繁昌：11 月间，日军组织兵力又一次进犯，此次繁昌保卫战前后历时 15 天，共毙伤日军 450 余人。其中，11 月 7 日晚，日军第十五师团步骑兵 600 余人实行进犯；13 日，日军第一一六师团 600 余人再次进犯；21 日，日军又调集 2000 余人，采取稳扎稳打、步步为营的战法，分五路再犯繁昌。第四次保卫繁昌，经历了上述三次大的战斗，双方展开了激烈的阵地争夺战、巷战、肉搏战，日军还施放毒气作战，战况十分激烈。日军虽曾一度攻入繁昌城，但终被打败，伤亡累累，仓皇撤走。

五保繁昌：12 月 21 日，日军集结 1200 余人，第五次进犯并一度攻占繁昌。22 日，第三支队集中主力发起进攻，重新收复繁昌。

从 1939 年 1 月至 12 月，谭震林指挥第三支队采取运动防御、伏击、夜袭等多种战法，消灭日军数以千计，胜利地保卫了繁昌。在五次保卫战中，尤以第四次规模最大、时间最长、歼敌最多。在这一年里，新四军第三支队在繁昌顽强抵抗日军进攻，付出了极大的代价，以数百名指战员的牺牲，取得五次繁昌保卫战的胜利，力所能及地配合支援了同在敌后抗战的国民党友军作战，有力地维护了抗日民族统一战线大局。就连国民党繁昌县长也不得不承认，“在沦陷一半的繁昌主政，主要是靠新四军的支持和帮助”。

繁昌保卫战，五战五捷，打击了日军的嚣张气焰，成功屏障了皖南，粉碎了日军以战养战、支援华中侵略的险恶阴谋，书写了新四军战史上的光辉一页。

（二）手榴弹是怎样造出来的

2015 年 8 月，吴文毅被授予抗战胜利 70 周年纪念章

1941 年 1 月，上海地下党介绍吴文毅去苏北参加新四军。2 月 5 日，吴文毅的愿望实现了，他穿上了军装，不久即加入中国共产党。由于他本是搞机械的工人，就被分配到了一师一旅的军实股任军械修理员。他对军工技术本是个门外汉，可谓是一窍不通，但他一边学习，一边工作，掌握军工技术很快，不久就胜任了工作。那时，修械工人只有八个人，平日里修理短枪、步枪还可以，修理轻重机枪就有难度了。但经过一番摸索，他们很快就能修理多数轻重机枪了。而对于造手榴弹、子弹、地雷、炮弹等就不行了，特别是对火药，那更是全然不懂。在“皖南事变”后，国民党拒绝发放本来就供应得很少的军饷和枪支弹药，从此，后勤供给包括枪支弹药，就全靠新四军自力更生了。

旅领导决定自己动手造武器，先办手榴弹厂。1941 年 10 月份，旅供应部政委找吴文毅谈话，要派他去手榴弹厂任指导员兼厂长。吴文毅面露难色，说道：“我文化水平低，对手榴弹一无所知，对火药类的就更不行了，有困难呀！”政委说：“这些我们都知道。我问你，打天下困难不困难？全国工人、农民没饭吃、没衣穿，困难不困难？革命就是要不怕困难，要战胜困难。我们要解决这些大困难，从困难中克服困难，从困难中成长起来。”经政委这番话一说，吴文毅的思想豁然开朗，觉得就不好再喊困难了。就这样，他服从组织分配，到了手榴弹厂。

那时，部队仍处在打游击的环境中，厂址经常要变动，谈不上有什么固定厂房，都是临时借老百姓住房或者是在祠堂庙宇里，因陋就简地从事生产。工人、设备、技术都是就地设法解决，真是白手起家，难度可想而知。吴文毅他们首先从前方拿来几只手榴弹做样品拆解开来，根据其结构成立了翻砂、木工、零件、成品装配等几个车间，各车间指定专人负责，就地取人，就地取材，就地物色设备工具。如翻砂、木工、零件等车间所需的人才、物资，都是从当地民间相关的作坊、工厂中物色得来的。火药方面，是从鞭炮作坊中物色来的。

就这样，找到人了，也有了相关的技术，但是困难依然不少。找来的这些人中，有些人思想情况相当复杂，因为工资低，或者是离家远，往往干上一阵就不想干了。工厂的干部和同志们就一方面做这些工人的思想工作，引导他们走向革命；另一方面，自己重视向他们学习，刻苦钻研，努力尽快掌握技术。经过团结教育，大家齐心协力、历经千辛万苦地共同奋战了几个月之后，第一批 50 枚手榴弹作为试验品，终于制造出来了。虽然爆破效果还不够理想，但总算基本上摸索到了制造手榴弹的技术。之后，经过不断研究改进，调整了拉火帽火药和炸药的配方比例，手榴弹的爆炸效果终于达到了理想的威力。

工厂派人将一批新制造的手榴弹送到旅司令部参谋长处，当场打给首长看，部队同志也一起掷着打，结果都说效果呱呱叫，很不错。首长十分高兴，表扬他们在这样短的时间内就完成了手榴弹的试制任务，有

创造性，是工人阶级的先锋队。首长还说手榴弹的试制成功，是对部队的最大支援，并代表全旅官兵向手榴弹厂的同志们致谢。就这样，工厂开始批量生产手榴弹，大量装备部队。当时部队战士中流传着一段顺口溜：“手榴弹，顶呱呱，它的威力实在大，大仗小仗都用它，近战夜战鬼子敌人都怕它。”由此可见，自己动手、土法制造的手榴弹在当时抗战中发挥了巨大的作用。

五、铁的纪律篇

（一）彭雪枫卖马筹款

彭雪枫

新四军秉承红军时期的三大纪律八项注意，作风过硬，军纪严明，关怀民众，部队所到之处，得到广大民众的拥戴。彭雪枫师长不惜卖马渡难关也要坚持对地方秋毫无犯的故事，就很好地阐释了这一点。

彭雪枫是被毛泽东誉为“共产党人的好榜样”的抗日名将。抗战爆发后，他曾先后任八路军总部参谋处处长兼驻晋办事处主任、新四军游击支队司令员兼政治委员、中共豫皖苏边区委员会书记、新四军第四师师长兼政治委员、淮北军区司令员等职。

1939 年 2 月，时任新四军游击支队司令员兼政治委员的彭雪枫率领部队进驻河南永（城）、亳两县之间的书案店地区。时值青黄不接，春荒严重。当地群众和部队的生活都十分困难，许多妇女、孩子面黄肌瘦，在田里挖野菜充饥。而这一带又是新区，群众对新四军还不很了解。为了减轻百姓负担，彭雪枫和战士们一样，节衣缩食，一天只领3分钱菜金，吃的全是高粱面、红薯之类的食物。尽管如此，日子仍然艰难，最后司令部只剩下5元钱的家底了。眼看部队就要断炊，万般无奈之下，军需处长资凤只好向彭雪枫汇报，并建议让官兵外出挖野菜充饥。彭雪枫听后，沉思片刻，断然拒绝道："这可不行，在这困苦时刻，挖野菜也是与民争食的行为。我们要把一切可以吃的、喝的、用的让给群众。"

可是，部队又该如何才能渡过难关呢？彭雪枫当即做出了"卖军马、度春荒"的决定。

听说彭雪枫要卖军马，从军需处长到通信员、饲养员，个个想不通。彭雪枫语重心长地说："古时秦琼受困于山西潞城，不是卖掉了他心爱的黄骠马嘛！今天，为了打鬼子，为了民族的解放，我们暂时卖掉这红骠马、黑骠马、白骠马，也没有什么了不起！马一天不骑不要紧，饭一天不吃可不行呵！"接着，他又说："没有马可以步行，行装物品大家分开带。部队没吃的，特别是伤病员缺盐少油可不行。卖了马，可以换来柴米油盐。再说，春种在即，正是百姓用马之时。这样做，正好是军民两利。"

几天后，军需处长和饲养员们忍痛将几匹军马牵到了集市。在驴马市场上，当地人民群众看到共产党领导的抗日军队在这么艰难的情况下，不惜卖马渡难关，也能对地方秋毫无犯，与人民同甘共苦，都深深感动不已。有位教师感慨道："从来没有见过这么好的军队，真乃仁义之师，天下第一文明军哪！"从此后，"天下文明第一军"成了广为传颂的佳话。当地一位开明地主，被彭雪枫卖马的义举所感动，自愿帮助部队解决部分粮食，但不肯要马。为了公平交易，彭雪枫令资凤以八匹军马相赠。后来，军需处又卖了几匹马，不仅解决了部队给养，还挤出了部分钱粮救济了当地的断炊农户。在春播前，彭雪枫还指示部队拿出一部分钱，解决群众无力买种子的困难，军民并肩携手，渡过了春荒难关。

（二）张爱萍自罚立正

兵法曰：以治为胜。常言道，将欲治人，必先治己。一支军纪严明、令行禁止的部队，其战将必先遵守军纪、维护军纪。在治军方面，张爱萍一向赏罚分明，且严于律己，堪称楷模。

抗日战争时期，张爱萍曾任新四军三师副师长，他率部在盐阜地区生活战斗了近四年。平日里，他对于每次全师的例行会操要求很严，要求干部、战士按时参加操练，不准迟到早退。而他自己，向来都是提前赶到操场，看着部队集合。

一天清晨，他又提前奔向操场，可刚走不远，就被师长黄克诚叫住谈事。谈着谈着，4分钟就过去了。张爱萍看了看手中的怀表，对黄克诚说："部队已集合好，等会操之后，我再来找你！"说着急忙跑步赶往操场。

此时，部队早已集合完毕。各团团长一边指挥着本团战士做些队列动作，一边等待师首长的到来。大家心里都有点疑惑："张副师长向来时间观念极强，今天这是怎么了？"就在大家疑虑、焦急甚至有些担心的时候，张爱萍跑步来到操场，站到了自己的指挥位置。于是，会操正常进行。

会操结束，张爱萍作了简明扼要的讲话之后，郑重宣布："副师长张爱萍同志迟到4分钟，罚站10分钟。各单位自行带回，张爱萍同志原地罚站。"说罢，便以标准的立正姿势，纹丝不动地站在那儿。全场闻之愕然，继而掌声雷动。

副师长的严于自律令全场官兵深受震撼。很快，张爱萍自我罚站的故事广为流传，成为军中美谈。

抗战时期，新四军正是因为有铁一般的纪律，才赢得了群众的信赖和支持。广大群众交口赞誉，“从古至今还没有看到过这样好的军队”，“有这样好的军队，中国不会亡”。

六、铁的意志篇

（一）血战塘马：一曲惊天地泣鬼神的抗日壮歌

1941年秋，日本侵略者从中国抽兵参加太平洋战争，为了减轻苏南新四军第十六旅的威胁，确保其后方基地安全，日军大力加强侦察、谍报活动，专找苏南新四军领导机关和主力部队，然后集中优势兵力，采取远途奔袭合围，以达到一举歼灭攻击目标之企图。

11月下旬，第十六旅旅部和中共江南区党委、江南行政委员会等地方党政领导机关，医院、被服厂等后勤机关，以及旅部教导大队、特务连和第四十七团、四十八团各一个营等部队，共1000余人，在第六师参谋长兼第十六旅旅长罗忠毅、旅政委兼政治部主任廖海涛的率领下，转移至溧阳县城西北地区，驻扎在塘马村及周围观阳、玉华山、戴巷、下海等10余个村庄里休整。

11月27日，罗忠毅、廖海涛在获悉日军在天王寺、薛埠、金坛等地大量增兵的情况后，准备率部转移。但考虑到对日伪军“扫荡”企图尚未查明，加之在大雨路滑情况下黑夜行军困难等原因，遂决定各部做好转移准备，仍在原地宿营，同时加强巡逻、警戒，加强战备、提高警惕，随时准备粉碎敌人的进攻。

27日深夜，日军十五师团步骑炮兵3000余人、伪军800余人在坦克的掩护下，从溧武路沿线各据点出发，分东北、西北、西南三路向塘

马奔袭来。

28日清晨6时许，派往西北瓦屋山、大山口方向的侦察人员与前来偷袭的日伪军相遇，投掷手榴弹报警。几乎与此同时，东北观阳方向的哨兵发现敌人，鸣枪报警。紧接着，西南方向也响起了枪声。

罗、廖二人当即命令驻守在塘马东北观阳村的旅部特务连和西北、西南面南山洼、邵笪里一带的第四十八团二营阻击敌人，严守阵地；北面下宅里、大家庄一带的第四十七团二营向塘马收拢；后周附近的第四十六团九连配合四十八团二营阻击西南方来敌，掩护旅部机关转移。同时决定机关人员迅速向东长荡湖方向转移，地方工作人员组织群众往南转移。

惊天地泣鬼神的塘马突围战就此打响了。

罗忠毅要廖海涛率领旅部和苏南地方党政领导机关和后勤单位人员先行突围。但有着多年作战经验的廖海涛心里清楚，这次敌人有备而来，从三面发起突袭，形势万分险恶，如果不能挡住敌人的进攻，很可能全军覆没。而敌人来势凶猛，兵力和火力均占有绝对优势，塘马一带的战

塘马战斗场景

斗人员只有两个营500人左右，又大多是入伍一两年的新战士，战斗经验并不丰富，这场阻击战绝对不好打。因此，他执意要罗忠毅先走，自己留下指挥部队阻击。结果，两人相互争来让去，谁也没有走。

在敌人开始猛烈炮击塘马村头之时，罗忠毅冒着炮火，亲自指挥党政机关人员通过村边小桥，并嘱咐旅参谋长王胜和旅政治部组织科长王直带领转移人员向东撤退。

战斗进行得异常激烈残酷。日军凭借其火力优势，发起冲锋。担任阻击任务的各部指战员眼见旅首长和战士们一起作战，斗志昂扬，打退了敌人的多次进攻。

清晨8时，在观阳村进行了两个多小时阻击战的旅部特务连余部奉命撤至塘马南面的后周桥；在南山洼、邵笪里一带的第四十八团二营与敌激战一个多小时后，余部也奉命撤至拖板桥以东进行抗击。

罗、廖二人在刘家祠堂前召开紧急会议，调整战斗部署：

旅部特务连、第四十八团第二营及团部特务连各部死守现有阵地，抗击敌人，拼死也要拖住敌人，以确保旅部和苏南地方党政领导机关的安全转移。同时，从第四十八团第二营中抽调60余人，由营教导员廖堃金率领，掩护已向东转移的机关人员。塘马东北玉华山的旅部教导大队在大队长刘一鸿率领下与敌决战后，剩余人员向东转移。第二营五连指导员陈浩率领的“小鬼班”移至塘马村时，也被罗忠毅派往东去掩护机关人员。

罗忠毅

此时，战斗已十分激烈。密集的枪声

由西面和南面渐向塘马村移近。北面之敌也由大家庄向东南方向压来，与越过后周向东迂回之敌逐渐形成合围之势。罗、廖二人一面指挥部队向东收缩后撤，一面亲率旅特务连参战，拼死抗击敌人，掩护旅部机关转移。

激战至 9 时许，罗、廖二人将二营余部集中收拢到塘马村南王家庄一带，与在后周桥的旅部特务连协同作战，顽强阻击并拖住敌人。

此时，罗忠毅意识到即将四面受敌，要求廖海涛率领政治干部赶快向东突围，自己率留下人员坚守王家庄，死死拖住敌人。但廖海涛仍然坚持要罗忠毅先走，不肯离开战斗岗位。于是，廖海涛带领第四十八团特务连余部到王家庄北抗击敌人，罗忠毅率领二营余部在村东南角池塘边阻击来犯之敌。

10 时许，敌人向后周桥和王家庄阵地发起多路合击，轮番疯狂进攻。罗忠毅、廖海涛身先士卒，各自指挥所部与敌人展开血战，打退了敌人的多次进攻。

此时，已经撤出敌人火力封锁圈的旅机关继续向长荡湖方向的金坛县境内转移。

王家庄阵地上，硝烟弥漫，枪声、炮声、炸弹声、冲杀声混杂在一起。当看到廖海涛政委所在的阵地伤亡人员多、情况危急时，罗忠毅急令第五连三排排长带领 20 余人去支援，而他身边只剩下三个警卫员。

警卫班长提出突围请求，罗忠毅为了保证机关人员的安全转移，决心誓死坚守。激战中，罗忠毅头部中弹。这位为中国革命事业久战沙场的勇将在苏南战场上壮烈牺牲了。

中午时分，日伪军在炽烈的炮火支持下，不断向后周桥阵地发起攻击。旅部特务连依托河堤顽强抗击，排长林杰等 50 余名官兵壮烈牺牲。桥面被尸体铺满，河水被鲜血染红。后周桥失守了。

冲过桥的敌人与王家庄北面和东面的敌人都一齐压了过来，把第四十八团二营和旅部特务连余部包围在王家庄方圆不足一平方公里的区域内。

廖海涛高呼：“坚决消灭敌人，为罗旅长报仇！”指战员们利用土墙、土包、树林等作掩护，与敌展开殊死搏斗。激战中，机枪手不幸中弹牺牲。廖海涛端起机枪向敌群横扫过去，打得日军纷纷后退。但日军的骑兵又向我军冲来。战场形势十分惨烈。战至下午3时许，廖海涛腹部中弹，终于倒在阵地上，为抗击日本侵略者流尽了最后一滴血。

廖海涛

此时，从塘马及附近村庄向东转移的旅部和苏皖区党委党政机关1000余人已安全撤离到长荡湖边的清水渎。

下午，日军曾向东追击，被我四十八团后撤人员及从几个连队集中起来的“小鬼班”和一挺重机枪阻击于与清水渎相距仅两公里的戴家桥以西。我军连续打退了敌人三次进攻。战斗中，只有16岁的战士张雪峰左手拇指被打断，仍坚持战斗；班长罗章顺中弹牺牲。

傍晚时分，敌人在强大火力掩护下，占领了戴家桥西岸。一小股敌人冲上桥面，被守桥的新四军击溃。敌人不甘心失败，又用木材等架设浮桥强渡，也遭到痛击。

当晚9时许，敌人多次企图乘夜偷渡，均被击退，只好停止进攻，在戴家桥西岸沿河点起篝火，并在估计新四军可能突围经过的路上的制高点和路口设伏，企图待天亮后再发起攻击，一举围歼新四军。

入夜，按照溧阳县抗日民主政府县长陈练升等侦察了解的路线，第十六旅旅部和苏南党政领导机关人员开始向西北方向转移。

陈练升亲自做向导，旅部教导大队为前卫，旅部和地方党政领导机关人员为本队，坚守戴家桥的战斗人员殿后，从指前标、罗村坝等地日伪军之间的结合部，摸黑行走近百里，分路北移，直插金坛、句容边境山区。拂晓前，顺利到达黄金山、横岗山地区，跳出了敌人的包围圈。29日晚，第十六旅旅部、苏皖区党委和一部分部队西移到达溧水白马桥地区，与第四十六团会合。

是役，新四军第十六旅以两个营共500余人的兵力，抗击8倍于己的强大敌人，血战终日，毙伤日伪军500余人，粉碎了敌人一举围歼第十六旅旅部和苏皖区党政机关的阴谋，保存了一大批领导骨干和有生力量，对于坚持和发展苏南抗日根据地，夺取抗日战争的胜利作出了重要贡献。同时，旅长罗忠毅、政委廖海涛以下共272位将士壮烈殉国。

（二）高邮战役：新四军江苏抗日最后一役

高邮战役在中国人民抗日战争史上有着重要意义。在高邮战役中，新四军指战员以不畏强敌、血战到底的英雄气概和正义之师的强大力量，坚决消灭了负隅顽抗、拒不投降的日军，取得了最后的胜利。

1945年8月15日，日本帝国主义宣布无条件投降，并于同年9月2日签署投降书。而早在8月10日日本投降前夕，朱德总司令发布命令，要人民抗日武装向附近的日伪军发出通牒，限令他们立即向我军缴械投降。新四军收复了华中敌占区的大片土地，但是，位于苏皖解放区南面的高邮仍被日伪军占据着。驻守高邮的日伪军非但拒不缴械，反将原驻扬州的日军独立混成第九十旅团1000人及伪军第二方面军一部调至高邮，使高邮守敌增至日军两个大队及伪军七个团5000余人，妄图负隅顽抗。

高邮日伪军自恃城高地险驻有重兵，且有国民党在暗中撑腰，故对我军令其投降的通牒置之不理，态度骄横。随着国民党军日益扩大在各解放区的进攻，高邮城内的日伪军不但不投降，反而更加猖狂。新四军委派盐城战役（高邮战役之前）中投诚的原伪军第五军军长赵云祥去高邮城劝降，竟被“枭首示众”，敌伪武装并扬言要“北攻宝应，奉命收复失地”云云。高邮已经成为威胁苏中、“两淮”（指淮南淮北解放区）的在喉之鲠。

此时，抗战胜利已三个多月。毫无疑问，攻下高邮、肃清城中拒不投降的日伪，勇敢、坚决、彻底地夺取最后胜利，是摆在抗战军民面前的重大考验。

为贯彻执行总司令的命令，拔除“钉子”，保卫华中解放区，新四军华中野战军司令员粟裕、政委谭震林，经报请中央军委批准，决心发起高邮战役，歼灭拒降之敌。战役分两个阶段进行：第一个阶段，收复邵伯，肃清高邮城外围据点兵力，围困高邮城，形成“关门打狗”之态势；第二个阶段，总攻高邮城，全歼守敌。

各参战部队接到命令后，战斗情绪异常高涨，迅速从两淮出发向南挺进，到达指定集结地，作好战斗准备。华中野战军司令员粟裕和华中军区司令员张鼎丞亲自作战前动员，部署战斗，战士们个个摩拳擦掌。当地老百姓也积极行动起来，给予了大力支持。据地方志中的记载，当时仅高邮县就调集了1.5万名民工，500条民船，帮助部队运送粮食和弹药等物资，还组织了3000名民兵配合作战。同时，当地群众和抗日民主政权还专门成立了总后勤部，支援部队战斗。

12月19日晚7时，新四军参战部队在南北40公里、东西20公里的战线上同时发起攻势。七纵一个团突入邵伯街道，粟裕指挥该团采取“围三阙一”的战法，使日军遭三面进攻而向南突围时，遭我军预伏全歼；七纵另一部先后拔除扬泰线16处据点；共歼灭日军150余人，伪军4000余人。与此同时，八纵经一昼夜作战，也按计划肃清了高邮外围之敌。

20日午，新四军已经打到高邮城下，将高邮城纳入包围之中。日伪军龟缩城里负隅顽抗，城楼上的警戒大部分换上日军，并不断加固城头工事，还不时用速射炮向新四军阵地轰击。

21日，新四军攻克了邵伯等日伪据点，切断了高邮城日伪军的退路，在邵伯、丁沟一线构成对扬州、泰州蒋军的防线，为打援准备了良好的战场。

为减少伤亡，新四军在做好攻城准备的同时，还大力开展政治攻势，以瓦解日伪军。攻城部队首先展开喊话活动。敌工部的同志和日本籍战友宫本干脆跑出屋子，对敌人大声喊话。当时，还有“日本反战同盟”“朝鲜独立同盟”的几十位同志来到前线协助，他们是用日语喊话劝降敌人的。反战同盟的人还写了劝降信，派人送进城里劝降。与此同时，第八纵队政治部宣传科还印刷了大批传单，有中文的、日文的；有文字的，也有图画的。战士们将这些传单用弓箭和迫击炮射进城里，或者用我军发明的“土飞机”（大风筝）空降到高邮城里。此外，军区敌工部干部还用大喇叭对守城日本士兵宣读天皇的投降诏书，用留声机播放《支那之夜》《思乡曲》等日本音乐和歌曲，勾起日本士兵的思乡之情。四面楚歌之下，不知道日本已无条件投降的日本士兵开始动摇，出现了内部混乱。攻心战收到了一定成效。

在围城并开展政治攻势期间，粟裕等亲临察看城墙外四道障碍，研究部署了攻城战法：强攻与偷袭，主攻与助攻相结合。

高邮城墙高 9 米、厚 7 米，城墙上有多个机枪掩体，还筑有两层或三层大碉堡八个，城垛之间有射击掩体，城外还有一条宽 5 至 7 米的护城河围绕四周。

面对坚固的高邮城墙，为减少新四军战士的伤亡，粟裕司令员布置战士们在东面开阔地用麻袋装满土，筑起了“半月形”工事，架上轻重机枪，与城墙敌军形成平射，压制敌人火力以掩护攻城部队。

12 月 25 日晚 6 时，蒙蒙细雨中，随着三颗绿色信号弹腾空而起，对高邮城的总攻打响了。新四军第八纵队及高邮独立团共六个团的攻城部队从高邮城西北、东、南三个方向发起猛烈攻击。在强大的火力掩护下，指战员们冒着枪林弹雨，越过开阔地，强渡护城河。整个战斗过程异常

SIN XUA RHBAD

新華日報

華中版

慶祝高郵

遷移不用民伕

臨參會慰勞前線將士

完全殲滅拒降敵偽

我軍解放高郵

俘敵九百餘及偽師長以下三千人

何應欽屢派飛機接濟困敵

1945 年 12 月 27 日《新华日报》（华中版）头条刊登了高邮解放的胜利喜讯

激烈。据攻城老兵回忆："登城的竹梯子只有电线杆子粗，一次只能几个人一起冲，城墙上的日军和伪军用钩镰枪戳中梯子，不少战士连人带梯跌落下来。"但是战士们一个个不停地向上冲，最终登上城墙，突破城防工事，或与敌人展开白刃格斗，或与敌人进行激烈巷战。战斗到26日凌晨，日军司令部已在我方包围之中，眼看大势已去，日伪军不得不放弃抵抗，日军驻高邮最高司令官岩奇大佐终于缴械投降。被日军盘踞6年之久的高邮城终于获得解放。

从19日晚到26日，高邮战役仅仅用了一周的时间，速战速决，取得辉煌战绩。我军以微弱优势，经过激烈的战斗，以伤400余人，亡200余人的代价攻克坚城，歼敌5000余，其中日军1100余，缴获各种火炮61门，枪支4308支。歼灭和俘虏日军之多，缴获枪炮弹药军械物资之多，在华中抗日战场上也是为数不多的。

高邮战役的胜利，拔除了残留在华中解放区中心的最后一个日伪据点，沉重打击了蒋介石利用日伪军进犯解放区的企图，牵制了国民党军沿津浦路北犯的行动，也使华中解放区的苏中、苏北、淮南、淮北地区连成一片，有效改善了解放区南线的战略态势，为后来夺取更大战争胜利创造了条件。

参考资料

1. 中共党史学会、中共北京市委党史研究室、北京新四军暨华中抗日根据地研究会编：《新四军抗战与铁军精神传承》，中共党史出版社2016年版。

2. 中国新四军和华中抗日根据地研究会编：《铁军精神研究——新四军成立70周年纪念文集》，军事科学出版社2007年版。

3. 上海市新四军暨华中抗日根据地历史研究会编：《新四军研究》（第四辑），中共党史出版社 2012 年版。

4. 上海市新四军暨华中抗日根据地历史研究会编：《新四军研究》（第九辑），上海人民出版社 2018 年版。

5. 北京新四军暨华中抗日根据地研究会编：《新四军的传奇故事》，中共党史出版社 2006 年版。

6. 李涛：《战典 6：新四军征战纪实》，作家出版社 2017 年版。

7. 中共江苏省党史工作办公室等编著：《新四军挺进纵队史》，中共党史出版社 2017 年版。

8. 姚有志、李庆山主编：《新四军令人称奇的十大战役》，白山出版社 2009 年版。

9. 施旺昌主编：《新四军往事》，济南出版社 2005 年版。

10. 江苏省档案馆、中共江苏省委党史工作办公室编：《红色记忆——中国共产党在江苏档案史料图册（1921—1949）》，江苏人民出版社 2017 年版。

11. 殷亚天：《铁军精神的当代价值与现实意义》，《改革与开放》2016 年第 5 期。

12. 叶姝静、吴爱民：《新时期铁军精神的传承与弘扬》，《中共山西省委党校学报》2015 年第 12 期。

13. 霍晓玲：《论新四军铁军精神的源头》，《江苏工业学院学报（社会科学版）》2008 年第 3 期。

14. 张敬波：《“铁军精神”的时代光芒》，《安徽日报》2017 年 8 月 18 日第 10 版。

15. 秦中明：《陈毅为新四军的组建和发展立下不朽功勋》，《淮南日报》2017 年 11 月 6 日第 3 版。

16. 栗振宇:《穿越时空的精神面孔——透视第 54 集团军“铁军基因”的传承与弘扬》,《解放军报》2016 年 3 月 12 日第 9 版。

17. 刘以顺:《论新四军的铁军精神》,《理论建设》2006 年第 5 期。

18. 范长龙、刘冬冬:《让铁军精神代代相传》,《求是》2007 年第 15 期。

19. 刘勉钰:《新四军的由来和铁军精神》,《中国井冈山干部学院学报》2012 年第 5 期。

20. 施旺昌:《新四军组建与发展》(上),《党史纵览》2017 年第 10 期。

21. 施旺昌:《新四军组建与发展》(下),《党史纵览》2017 年第 12 期。

22. 冯建玫:《叶挺:在烈火和热血中永生》,《学习时报》2017 年 11 月 20 日第 5 版。

23. 汤春松:《新四军的铁军本色》,《学习时报》2017 年 2 月 20 日第 5 版。

24. 童志强:《铁军出山》(上),《广东党史》1998 年第 2 期。

25. 童志强:《铁军出山》(下),《广东党史》1998 年第 3 期。

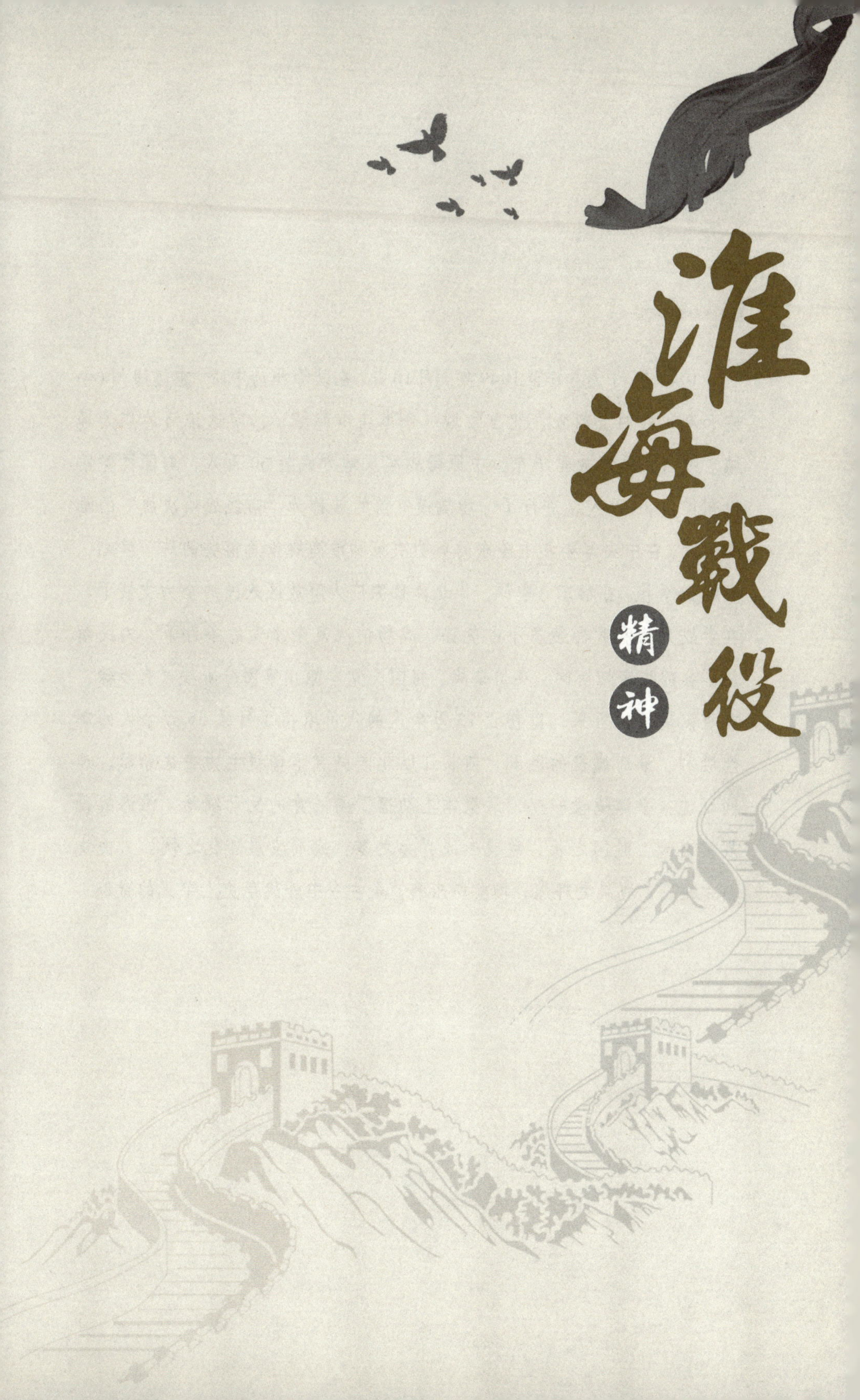
淮海戰役
精神

1948年11月6日至1949年1月10日，在以徐州为中心，东起海州（今连云港）、西至商丘，北自临城（今枣庄市薛城）、南达淮河的广大地域，中国人民解放军华东、中原野战军及地方武装60万人，与国民党军徐州集团80万人，进行了一场规模空前的被称为“南线战略决战”的淮海战役。在中央军委和毛泽东的英明决策和淮海战役总前委的统一筹划、卓越指挥下，在华东、中原、华北冀鲁豫广大解放区人民的全力支援下，在参战兵力和武器装备不占优势、战场情况复杂多变的条件下，人民解放军各部队密切协同、英勇奋战，将国民党军徐州集团分阶段、有步骤、有重点地逐次歼灭，以伤亡13万余人的代价取得了歼敌55万余人的辉煌胜利。淮海战役的胜利，使长江以北国民党军精锐主力丧失殆尽，连同辽沈、平津战役一起，从根本上动摇了国民党的反动统治。淮海战役规模之大、时间之长、敌我参战兵力之多、战局发展变化之快、人民支前之踊跃、战果之辉煌，均前所未有，是古今中外战争史上罕见的奇迹。

2017年12月13日，习近平总书记在参观淮海战役纪念馆时深刻指出，决定战争胜负的未必一定是武器和兵力，军队的战略战术运用、将士们的信心和勇气、人民的支持和帮助，往往是更为重要的因素。

淮海战役的伟大胜利，充分展示了党中央、毛泽东运筹帷幄、决胜千里的高超战略艺术，充分展示了淮海战役总前委和参战部队各级指挥员审时度势、灵活机动的精湛组织指挥才能，充分展示了人民军队不怕艰难困苦、不怕流血牺牲、敢于压倒一切敌人的英勇气概，充分展示了人民战争的巨大威力和伟力。它是中国革命光荣历史中的一座巍巍丰碑。

在淮海战役进程中孕育的淮海战役精神，是中华民族优秀斗争精神的传承与发扬，是我们党、军队和广大人民群众精神谱系的重要组成部分，为我们开展“不忘初心、牢记使命”主题教育，开创新时代中国特色社会主义建设新局面，提供了宝贵的精神财富。

一、淮海战役精神的形成

在中国共产党的奋斗历程中，党领导的中国革命的伟大实践，给我们留下了宝贵的红色财富，形成了一系列“精神谱系”，淮海战役精神也是其中重要一员。淮海战役精神是随着淮海战役的发展进程不断成熟、丰富和完善的。

（一）淮海战役精神源自中国共产党人对党的事业的高度忠诚和智慧担当

豫东战役之前，1947年第四季度，人民解放军三支大军已经在中原呈“品”字形，完成了战略展开，但国民党军在中原还能集中较大的机动兵力，且常采取避实就虚的战法，在人民解放军军力分散时，集中进犯；兵力集中时，则后缩；兵力相当时，则与人民解放军纠缠，双方形成拉锯状态。为了改变中原战局，发展战略进攻，粟裕认为必须寻找有利战机，将歼灭战发展到更大规模。于是，粟裕于1948年1月22日向中央军委“斗胆直陈”，三支大军采取忽集忽分的作战方针，以集中更大兵力，寻机歼灭敌人重兵集团。4月18日，粟裕又向中央建议，集中于黄淮地区打大歼灭战，也是基于以上考虑。

几个大的歼灭战后，战争的主动权就完全掌握在人民解放军手中。考虑到长江以北徐蚌地区地形适宜于大兵团运动，且群众条件好，地处华东、中原结合部，背靠山东和冀鲁豫根据地，距华北也不远，还可利用蒋桂之间的矛盾，集中兵力打蒋系的徐州集团，粟裕于1948年8月23日向军委提出两个月以后攻占两淮及高邮、宝应的建议；9月24日，又向军委提出举行淮海战役的建议；9月25日，中央军委复电认为“甚为必要”。

可以说，没有党中央、中央军委的审时度势、卓越指挥，没有粟裕等将帅的灵活机动、勇于担当，就不会有淮海战役这场决定性的战略决战。

（二）淮海战役精神源自60万战胜80万的罕见奇迹

淮海战役胜利结束后，档案资料上记载着这样一组沉甸甸的数字：淮海战役是中国人民解放战争中规模最大、时间最长、歼敌最多的一次大会战。国民党蒋介石集中了7个兵团、2个绥靖区部队、34个军、82个师约80万人；中国人民解放军集中了华东、中原2个野战军23个纵队加1个军，还有地方武装7个旅约60万人。自1948年11月6日黄昏发起战斗至1949年1月10日黄昏结束战斗，整整66天，歼敌1个剿总司令部、5 个兵团部、22 个军部、55 个师，共 55.5 万人。解放军付出了伤亡 13.6 万人的代价。

60 万，66 天，80 万。1949 年 1 月中旬，斯大林在得知淮海战役取得空前胜利后，激动地在记事本上写下：“60 万战胜 80 万，奇迹！真是奇迹！”当时苏联的伏龙芝军事学院高级指挥系的将军们，把它列为经典战役，作为一个重大课题来研究。

不可思议的战果，吸引着国内外许多专家学者持续深入研究探索谜一样的淮海战役。1987 年 2 月 18 日至 21 日，美国陆军指挥参谋学院研究员鲍嘉礼博士专程到淮海战场故址采访，对淮海战役情况进行全面了解，写出了《大洋彼岸看中国的淮海战役》一书。

1998 年 10 月，又一个美国军方代表团来到徐州，他们此行的目的是继续探寻淮海战役制胜的谜团。美国陆军上校劳恩 · C . 爱德华兹由衷感到：“研究淮海战役对美国陆军来讲变得越来越重要。半个多世纪以前，在遥远的国度的一个地面战场上，发生了一场对中国乃至世界历史进程都产生深刻影响的战争。有人认为从现代战争的角度看，淮海战役几乎不具有代表性。然而事实并非如此，深入了解淮海战役，对于美国陆军迎接未来战争挑战的意义尤为重大。”

（三）淮海战役精神源自亿万解放区人民的倾力支前

奇迹之所以为奇迹，是因为数以千万计的支前民工和解放区普通群众，坚定地站在 60 万人民解放军的身后。陈毅在总结淮海战役胜利的报告中指出：“淮海战役取得伟大胜利的最后一个原因，是人民群众的广泛支前。支前民工达 500 多万人，遍地是运粮、运弹、抬伤员的群众。他们不惜倾家荡产，历尽艰辛，冒着枪林弹雨，忍着风雪饥寒，支援子弟兵作战。这是人民解放军的真正优势。人民群众用小车、扁担保障了部队作战。”“淮海战役的胜利，是人民群众用小车推出来的。”这段话的背后，是这样一组数据——在整个淮海战役的过程中，山东、江苏、河南、安徽、河北等地解放区，共出动了支前民工543万人，使用担架20万副，大小车辆88万辆，挑子5.5万副，牲畜76.7万头，船8500艘。民工就是用这些最原始的运输工具，向前线运送了自己生产的粮食9.6亿斤，弹药730万公斤，油盐77.8万公斤，猪肉43万公斤，还有其他各种各样的军用物资。543万，仅仅是指随部队行动和接送伤员的常备支前民工。如果算上在后方默默生产粮食、制作军衣军鞋的广大群众，这个人数至少应该有2000万。毫无疑问，这是一次人民战争的伟大胜利，滚滚向前的支前力量凝聚成的强大的精神洪流，也已成为彪炳史册的宝贵精神财富。正如毛泽东所言：“军民团结如一人，试看天下谁能敌！”

二、淮海战役精神的基本内涵

淮海战役的胜利，是毛泽东伟大军事思想的光辉体现，是人民解放军和广大人民艰苦奋斗、英勇善战的结果。淮海战役不仅作为经典战例载入世界史册，而且以博大深厚的精神内涵彪炳千秋。60万人对战80万人，成千上万的解放区人民投身战争洪流，543万支前民工奋力支前无所畏惧，淮海战役反映出革命先辈们听党指挥、依靠人民、团结协作、决战决胜的坚定意志和崇高品格，再一次体现了人民正义必胜的历史规律。淮海战役形成的革命精神，是党和人民军队在革命战争年代为后世留下的永放光芒的宝贵精神财富，也是新时期鼓舞和激励我们不断从胜利走向胜利的强大精神动力。

（一）忠于信仰、为民而战的初心和使命

自清末至抗战结束，中国人民深受帝国主义、封建势力的剥削和压迫，长期陷于乱战中苦不堪言，家国风雨飘摇。为实现民族独立、人民解放、国家统一、社会稳定，中国共产党人自成立起便义无反顾地将实现中华民族伟大复兴这一梦想作为自己的历史使命，团结带领中国人民浴血奋战。

在淮海战役之前，中国的大局已经发生了深刻的变化，党用马克思主义中国化的成果——毛泽东思想武装全党，全党上下树立了对建设新中国、让人民群众过上新生活的坚定追求。为了解放全国受苦受难的劳苦大众，成立一个人人向往的新中国，中国共产党及其领导的中国人民解放军需要与旧势力作殊死斗争。这一场生死较量不是为自己而战，而是为全中国千千万万的人民心中所向往的新生活而战。只有赢取这场战争的胜利，才能获得真正的“翻身”和独立。正是抱定“我虽亡，但国永昌”“身虽死，但精神永存”的信念，一个又一个战士在炮火连天、尸骨成堆的战场上毫无畏惧，以行动诠释了何谓前仆后继。

信仰的力量对提升人民解放军的凝聚力战斗力有重大作用。刚刚结束秋季攻势，由于连续行军作战而极为疲劳的解放军指战员，在以简陋的武器装备与来势汹汹的黄维兵团进行决战时，斗志仍然极为高昂。无数火线入党的解放军战士发出铮铮誓言：“生为人民解放战斗，死为共产主义献身！”他们战前情绪激昂，求战情绪高涨，写血书、立军令状；他们战中不退缩、不畏惧，哪怕肠子被射穿也要坚持不撤退；他们立遗愿，牺牲之际手书纸条“这是我交的最后一次党费”；他们为牺牲的战友流泪，但决战士气更为高涨……60 多万参战解放军将士，长眠战场的 3 万

多烈士，用生命践行了对党和人民事业的忠贞誓言。革命先辈抱着对建设一个人人过上新生活的新中国的无限憧憬和坚定信仰，用热血和生命，换来了淮海战役的胜利。

（二）上下同心、众志成城的品格和信念

淮海战役是人民解放军上下同心、协同作战的一个光辉典范。在这场战役中，人民解放军从中央军委到参战部队以及解放区民众，勠力同心，众志成城，以排山倒海之势打出了一场胜利的人民战争。

运筹帷幄、决胜千里的英明决策。淮海战役中，党中央运筹帷幄、决胜千里，随着战役的进展，在每个关键时间节点，抓住稍纵即逝的战机及时做出正确的决策，顺利推进战役的发展。中央军委最初采纳粟裕提出的发动淮海战役的建议时，用意是发展战略进攻，改变中原战局。不久，中原野战军攻占郑州、开封，造成了与华东野战军协同作战的态势，辽沈战役的胜利又在全国范围内改变了敌我力量的对比。就在国民党军摇摆于“退守淮河”和“固守徐州”之间时，中央军委再次采纳粟裕等人提出的就地歼灭徐州敌军主力的建议，不惜以60万对80万，吃“夹生饭”，断然做出将“小淮海”适时演变成“南线战略决战”的重大战略决策，把握住了这一重大战略决战时机，从而大大加快了人民解放战争的历史进程。在党中央的英明决策下，华东、中原两大野战军号令严明，密切配合，协同作战，充分发扬各自的特点和优势，形成了整体作战的强大威力，产生了1加1大于2的用兵效果，既体现了党中央高度的思想凝聚力，更体现了基层指战员强大的战斗执行力。

顾全大局、密切协同的高尚品格。1948年11月16日，中央军委决定由刘伯承、陈毅、邓小平、粟裕、谭震林组成总前委，并指出“此战胜利，

不但长江以北局面大定，即全国局面亦可基本解决”。在总前委的统一指挥调度下，中原、华东两大野战军密切协同、联合作战。淮海战役所有参战将士将每一场战役、每一次战斗与全国解放战争的大局联系起来，自觉服从大局，一切为了大局，处处顾全大局，从而在组织指挥上形成一盘棋，在力量运用上攥成一个拳，演出了战争史上威武雄壮的活剧。1948年11月2日，为了牵制黄维兵团东调徐蚌战场，刘伯承限令中野二纵在6日黄昏前赶到淮河北岸息县地区，侧击黄维兵团。命令指出：“此次配合徐州方面作战，不仅关系中原战局之转变，即对推动全国战略形势之发展，争取早日打倒国民党亦属重要之关键。因此，须动员全体指战员服从整体利益，不怕任何疲劳，不怕任何困难，不怕消耗与牺牲，采取一切有效办法来截击，阻击东进之黄维兵团，迟滞其运动时间，以保证徐州作战之胜利。”当中央提出打黄百韬兵团时，尽管面对的是一场硬仗、大仗，将士们还是毫不犹豫，克服一切困难完成任务。当黄百韬兵团撤退时，华野发出《全歼黄百韬兵团的政治动员令》，号召全军“克服疲劳，克服困难，不为小敌迷惑，不为河流所阻，坚决实行敌人跑到哪里，我追到哪里，直至将其歼灭为止”。为了拖住黄百韬兵团，战士们血战碾庄圩。当淮海战役进入围歼杜聿明集团阶段时，平津战役已拉开了帷幕。为实现中央军委将傅作义集团滞留在华北战场歼灭，对杜聿明集团推迟总攻、围而不打的决策，总前委坚决服从大局，及时调整作战计划。这样虽然大大增加了前线粮食弹药供应的困难和敌军突围的压力，但为了中国革命胜利的大局，广大指战员一切行动听指挥，坚守冰天雪地，不惜流血牺牲，保证了中央战略意图的圆满实现。

万众一心、众志成城的支前热潮。党和人民的血肉联系，人民对革命战争的拥护支持，是淮海战役取得胜利的根本保证。人民群众车轮滚滚支援前线的生动实践，源于他们对党和人民军队的高度信任和由衷拥护。早已厌倦了内战的老百姓在此次战役中表现出的支前热情和决心，远远超出了人们的想象。土地改革，使亿万贫苦农民获得了土地，也使他们认识到共产党是人民利益的忠实代表，并由此焕发出“一切为了前线，一切为了战争的胜利”和“解放军打到哪里，我们就支援到哪里”的极大激情。解放区的党组织和人民政府在紧紧依靠人民、广泛发动群众的同时，认真执行“耕战互助”和“合理负担”的方针政策，切实保护了人民群众的支前积极性。“宁可自己挨饿，也要让解放军吃饱饭。”“就是倾家荡产，也要支前！”战役期间，每天需 300 万斤原粮供给，从几百里外用小车运输，是极为严峻的任务。运输线上人如潮涌，车轮滚滚，车队、人流夜以继日，川流不息。正是这支亘古罕见、气势磅礴的支前大军，历经艰辛，排除万难，背扛、肩挑、车推、船载、担架抬、毛驴驮、牛车拉，共向前线运送粮食 9.6 亿斤。人民群众的支前热情和决心，不仅在物资上，更在精神上给予了子弟兵极大的支持与鼓舞。淮海战场上的军力对比，实际上成为 543 万对 80 万，充分发挥了人民战争的威力。543 万支前民工，遍地都是运粮食、运弹药、抬伤员的群众，这才是我们真正的优势。

（三）一往无前、决战决胜的斗志和气概

淮海战役能最终取得胜利，一个很重要的原因是全体将士听党指挥、能打硬仗，充满着奋勇向前、决战决胜的昂扬斗志。作为华东野战军代司令员的粟裕，在淮海战役中最紧张的第二阶段曾经连续七个昼夜没有睡觉。参战的各部队发扬不怕牺牲、连续作战精神，凭着一往无前、视死如归的勇气和决心，与敌人比意志、比智慧，挑战生理、心理极限，与时间赛跑，与生死搏斗。英勇的将士们敢于打大仗、打硬仗，不怕敌人的飞机、大炮、

坦克、毒气，冒风雪、涉冰河、架人桥、闯火阵，逐村逐屋激战，一沟一堡争夺，连续激战几昼夜追杀逃敌，前仆后继，奋不顾身。血战碾庄圩、大王庄，政委倒下，参谋上，参谋倒下隔壁参谋上阵。在阻击邱清泉和李弥兵团解围黄百韬兵团的作战中，第十纵队用两个师苦挡敌人六个师的进攻。第二十八团第一营官兵抱定“人在阵地在，坚决与敌人寸土必争。只要还有一个人，只要还有一口气，就不能丢了阵地”的信念。三连打得只剩下十几人，依然坚守阵地一整天，毙伤敌军600余人，阻挡了敌军援军的步伐。这些惨烈的战斗故事，是人民解放军“一不怕苦，二不怕死”精神的最好体现，集中彰显了革命先辈为了国家、民族和人民的利益，一往无前、不怕牺牲、压倒一切敌人的革命斗志和英雄气概。

三、淮海战役精神的现实意义

淮海战役回荡天地间的呐喊、动人心魄的搏斗已随时间的流逝，化成了一段辉煌的历史。但诞生在淮海战役中的精神力量，却有着穿越时空的永恒力量，为后人继续书写实现中华民族伟大复兴中国梦的壮丽篇章打下了牢固的基础，对当下打赢决胜全面建成小康社会的新时代“淮海战役”，具有重大的现实意义。

（一）淮海战役中革命前辈善抓机遇勇于创新的超凡智慧和胆略，启迪我们务必始终以高昂的改革精神抓住新机遇推进新发展

淮海战役是充满着创造性的伟大战争实践。从统帅部的决策、总前委的指挥到广大指战员的作战行动，无不贯穿着抢抓机遇、勇于创新的精神。革命前辈在战争中体现出来的强烈机遇意识和创新精神，今天依

然闪耀着熠熠光辉。40 年改革开放的实践证明，正是由于坚持党的思想路线，高扬解放思想的大旗，抓住了一个个难得的历史机遇，努力实现观念、体制和发展模式的创新，我们国家才取得了一系列举世瞩目的伟大成就。江苏也在这一伟大历史进程中成为改革开放的排头兵，站到了率先全面建成小康社会、率先基本实现现代化的历史新起点上。改革开放不可能一蹴而就，发展的道路上机遇和挑战并存。在新的形势面前，要夺取全面建设小康社会的新胜利，开创中国特色社会主义新局面，必须继续解放思想，坚持改革开放，不为过去的成绩而自满，不为既有的经验所束缚，不为传统的模式所局限，不为目前的小富而停滞，永远保持开拓进取的蓬勃生机和活力。

（二）淮海战役中中国共产党和人民解放军为了人民依靠人民的宗旨和法宝，启迪我们务必始终牢记人民群众是我们的力量之源，始终坚持全心全意为人民服务的根本宗旨

群众路线是党领导革命和建设事业的制胜法宝。淮海战役的胜利是人民群众用小推车推出来的。没有人民的支持，就没有淮海战役的胜利，就没有新中国。今天，人民群众依旧是我们深化改革攻坚、全面建成小康社会的坚强后盾，是党和国家各项事业取得胜利的大后方。习近平总书记在十九大闭幕后同中外记者见面时强调：“只要我们深深扎根人民、紧紧依靠人民，就可以获得无穷的力量，风雨无阻，奋勇向前。”我们唯有始终不忘初心、牢记使命，抱定理想、坚定信念，将全国人民和中华民族的根本利益看得高于一切，朝着新时代中国特色社会主义事业的道路奋勇前进，才能取得人民群众的衷心拥护。

群众利益无小事，让每一户人家都能过上幸福美好的生活，是实现

中华民族伟大复兴的必然要求。今天我们弘扬和传承淮海战役精神，就是要时刻牢记共产党人革命的初衷，任何时候都要保持与人民群众的血肉联系，一刻也不脱离群众，在新的征途上把党的政治优势发挥好；就是要坚持“以人民为中心”这个发展思想，始终把实现好、维护好、发展好最广大人民根本利益作为一切工作的出发点和落脚点，始终把人民满意不满意、幸福不幸福，作为检验我们工作成不成功的试金石，努力把人民期盼的事情办好，切实做到立党为公，执政为民；就是要不断深化各个领域的改革，更加有效地保障人民的各项权益，努力实现共同富裕，不断增强人民群众的获得感、满意度，真正做到发展成果由人民共享，在人民的支持下从胜利走向更大的胜利，推进中华民族伟大复兴的中国梦早日实现。

（三）淮海战役中参战部队顾全大局密切协同的高尚品格和精神，启迪我们务必始终保持全局观念，服从大局，保证大局

在大局下行动，步调一致得胜利，这是我们党的巨大政治优势，是淮海战役取得胜利的重要法宝，是中国革命的成功经验，也是建设中国特色社会主义的内在要求。当前中国比任何时候都更加接近实现中华民族伟大复兴的目标，但需要经受“四大考验”、克服“四种危险”，且需要积极进行具有许多新的历史特点的伟大斗争。党的十九大就是在这样的历史方位、历史情境中提出了习近平新时代中国特色社会主义思想，确立了习近平同志在党中央和全党的核心地位，并以对国家、民族、人民和党的担当精神，制定了积极推进中国特色社会主义伟大事业，积极实现中华民族的伟大复兴，积极进行具有许多新的历史特点的伟大斗争，积极推进全面从严治党新的伟大工程的一系列重大方略。我们每个人都

处在实现中国梦这个大局之中，要自觉地以大局为重，牢固树立大局观念，自觉做到在大局下行动，正确处理全局和局部的关系，自觉为党和国家分忧，越是困难矛盾突出越要服从全局要求，越是任务繁重艰巨越要勇挑重担，努力为全局的稳定和发展多做工作、多作贡献。

（四）淮海战役中参战官兵勇往直前、不怕牺牲的铁血意志和作风，启迪我们务必始终保持一往无前决战决胜的昂扬斗志，撸起袖子加油干

淮海战役的历史性胜利，是人民解放军勇往直前、不怕牺牲换来的，是付出了巨大的鲜血和牺牲换来的。当前，夺取改革开放的全面胜利，夺取新时代中国特色社会主义的伟大胜利，是摆在全国人民面前的又一场攻坚战、大决战，迫切需要全党上下学习和发扬淮海战役不怕牺牲、勇于牺牲的意志品质，勇往直前、决战决胜。改革开放是当代中国发展进步的必由之路，是实现中国梦的必由之路。党的十八大以来，以习近平同志为核心的党中央启动了全面深化改革的攻坚战，党中央着眼全局性重大问题进行顶层设计，狠抓改革举措落地，直面问题点穴开方，取得了显著成效。在这一过程中，人们最深刻的感受就是一种一往无前的气势。正是这种一往无前的气势和撸起袖子加油干的精神，许多长期想做而做不到的事情，正在一件一件地得到落实，实实在在的改革成果增强了群众的获得感。今天，对于全面深化改革，党的十九大做出了全局部署，提出了一大批力度更大、要求更高、举措更实的改革任务。我们更要以勇于自我革命的气魄、坚韧不拔的毅力推进改革，保持一往无前、决战决胜的坚定信念，方能取得改革的全面胜利。

【延伸阅读】

一、忠于信仰为民战

（一）排长血战大王庄

孔金胜，安徽省庐江县人。1924年出生，1943年入伍，1945年加入中国共产党。牺牲时任华野七纵二十师五十九团二连二排排长。

孔金胜

淮海战役纪念馆里陈列着一张《孔金胜血战大王庄》的油画，再现了英雄排长孔金胜英勇作战的场景。

那是在淮海战役的双堆集战斗中，孔金胜所在的二排担任守备大王庄和尖谷堆之间突出部的任务。大王庄位于双堆集西南一里处，是黄维兵团司令部所在地的重要外围据点，守军是黄维兵团的第十八军三十三团，十八军是蒋介石的“五大主力”之一，三十三团是十八军的王牌团，人称“老虎团”。

1949年12月9日，华野五十九团攻占了大王庄。午夜12点，国民党军趁解放军立足未稳，集中了所有的榴弹炮、山炮、化学迫击炮，袭击大王庄前沿，54分钟内落弹千发，阵地上顿时浓烟翻滚，火光冲天。步枪、机枪声由远而近，这是国民党军反扑的先兆。孔金胜跳出壕沟观察，发现通往营部的交通壕已被切断，五尺宽的壕沟里，国民党军大约一个加强连的兵力反穿棉衣，沿壕沟向一连、二连的结合部袭来，北面和东面的国民党军也步步紧逼，孔金胜所在排三面受敌，和营部失去了联系。“老虎团”可不是纸老虎，他们打得异常凶狠，不仅成堆地上，单个的也拼命往前冲。有炮火掩护上，没有炮他们也上，枪也打得很准。二排阵地上弹片呼啸、工事坍塌，情况十分紧急。作为排长的孔金胜沉着应战，一面指挥四班、六班集中火力打击，一面指挥五班从侧翼突袭，在国民党军接近解放军阵地 20 米处时，孔金胜一声令下，二排阵地枪声大作，一串串子弹射向国民党军，一枚枚手榴弹在敌群中开花，爆炸声、呐喊声响彻在了大王庄上空，经激战，歼敌 310 多名。

此后，争夺更加激烈。10 日拂晓，遭到重创后的国民党军为夺回大王庄，在 7 辆坦克和大炮掩护下，集结了一个营的兵力，扑向二排阵地，阵地上顿时一片火海。孔金胜冷静地指挥着战斗，带领战士们利用断墙、壕沟进行顽强阻击。

阵地被夺去数次，孔金胜排阵地前有两辆坦克越过了战壕，跟随其后的国民党军扑了上来。战斗中，孔金胜被手榴弹炸断左肩锁骨，左胸负伤，他顾不上包扎伤口，强忍着伤痛从牺牲战友身上拔出几颗手榴弹，利用火力间隙，向国民党军的机枪掷去，机枪被炸哑了，国民党军第二次被逐出了阵地。

9 时左右，国民党军发动第三次攻击，大王庄大部分阵地被占领，孔金胜排所在阵地更加孤立，战斗十分激烈，孔金胜的喉咙被冲锋枪子弹穿了一个洞，血流遍身。战友们劝他撤退，他说：“我是共产党员，党需要我的时候，流点血算什么。”战友们感动得流下了眼泪。他以惊人的毅力坚持着，用手势鼓励战友们坚守住阵地。在孔金胜的精神鼓舞下，战友们又一次顽强地击退了国民党军。

11 时左右，国民党军在两辆坦克的配合下，以一个营的兵力发起最后一次反扑。他们依靠坦克的优势冲上了二排阵地。孔金胜率领战士与国民党军进行逐堡争夺，反复冲击。此时的二排已经弹尽援绝，孔金胜身边的战士已经不多了，不是头缠绷带，就是身上挂花。孔金胜鼓励大家："只能前进，不能后退，只要有一个人也要坚守阵地。"弹药打完了，就组织战士到烈士身上搜集，后来又命令上刺刀，用刺刀、枪托展开白刃战。战斗中他再次负伤，肠子也流了出来。面对蜂拥而至的国民党军，孔金胜怒目圆睁，忍住剧痛，把肠子往肚子里一塞，迅速拣起一把挖战壕的铁锨，与国民党军展开肉搏战，在敌群中猛烈砍杀。冲在前面的国民党军应声倒地，他又迅速转身砍向第二个……就这样，他用尽全力在敌群中前砍后劈、左右砍杀，一连砍倒五个国民党军。孔金胜因流血过多，献出生命。二排和全连会师时，只剩下了一个人。

战后，上级党委命名二排为"孔精神排"，并授予孔金胜"特等功臣"光荣称号。

（二）战斗模范储有富奋勇堵枪眼

储有富，江苏省海安县人。1922年生。牺牲时任华野六纵十八师五十二团九连一排排长。曾在沙土集战斗中荣获"战斗模范"的光荣称号。

储有富

淮海战役中，有这样一位英雄，为了战斗的胜利，为减少部队伤亡，奋不顾身，用自己的胸膛堵住了敌人的枪口。他，就是储有富。

那天，储有富所在的部队接受了打彭庄的战

斗任务。彭庄是一个有着一百多户人家的村落，是黄百韬兵团的外围防御阵地，距离黄百韬兵团指挥部只有四公里。为了守卫彭庄，国民党军在村内村外构筑了大量地堡、交通壕，形成了以地堡群为骨干，犬牙交错、纵横贯穿的防御阵地。而且彭庄的地形也很特殊，庄外有围墙，庄内有六个大大小小的水塘，易守难攻。

1948 年 11 月 14 日晚上 7 点 50 分，解放军的攻击开始了。

成排的炮弹呼啸着划破寂静的夜空，霎时间，国民党军阵地上硝烟弥漫，响声震天。经过 10 分钟的火力攻击，国民党军阵地外围工事及障碍物大部被摧毁，这为攻击部队扫清了障碍。8 点，攻击部队发起冲击，储有富所在连队担任向彭庄西南角突击的任务，他带领突击队员们快速接近敌人阵地。就在这时，敌人集中火力进行反击，企图趁解放军突击部队立足未稳，用猛烈的火力阻拦和反扑。储有富和突击队员们被压到了一个水塘边，三面都是敌人，火力猛烈，压得战士们抬不起头来。情况紧急，储有富毫不慌张，他利用水塘和土堤做掩护，指挥战士们用手榴弹进行还击。在手榴弹的掩护下，储有富带领部分突击队员跳下 1 米多深、7 米多宽的水塘，向纵深推进。敌人发现了他们，立刻组织火力，封锁水塘。子弹射了过来，手榴弹投了过来，顿时，水塘飞溅起的水花此起彼落。一枚手榴弹在储有富的身旁爆炸，他的肩部被手榴弹炸伤，但他忍着痛，坚持指挥战士们冒着敌人火力，进行还击。一次，两次，三次，他和战友们连续三次击退了敌人的反扑，胜利登上了对岸。

战斗结束后，储有富才感觉到肩上的剧痛，战友们劝他去包扎，可他仍坚持继续战斗。

第二天凌晨，解放军又一次发起进攻，储有富带领战士们继续前进。蜷缩在子母堡里的国民党军开始了疯狂的抵抗。枪眼里喷吐着烈焰，子弹像暴雨一样倾泻而下，呈扇面形覆盖了战士们冲锋的开阔地，战士们很难找到空隙接近敌人，每前进一步都要付出巨大的伤亡。时间是胜利的关键，争取时间就是减少伤亡。

只见储有富抓起冲锋枪，插上手榴弹，一个箭步冲了过去。他弯着腰，跑着“之”字形，向地堡疾驰而去。就要接近地堡时，国民党军发现了他，立即集中所有火力向他扫射，储有富动作敏捷地趴在一个土坡下，连续扔出几颗手榴弹，地堡被炸毁了。在他前面，还有一个地堡。那是一个母堡，规模更大，火力更猛，但储有富毫不畏惧，在烟雾掩护下，继续推进。距母堡几米远时，他端起了冲锋枪，猛烈扫射，封锁了母堡的射孔。在他掩护下，突击队员们立即发起攻击。但是，仅凭储有富的一挺冲锋枪怎能堵住母堡强大的火力。母堡里的机枪又一次响了起来，道路被严密的火力封锁了，突击队员们倒在了开阔地上。此时，储有富的冲锋枪已经打光了子弹，带去的手榴弹也全都用完了。怎么办？只见储有富飞奔过去，猛地扑向母堡的射口，用自己的身体堵住了枪眼，机枪立刻哑了。

突击队员们见状，呼喊着“为排长报仇”，冲了过去，一举端掉了母堡。

储有富牺牲时，年仅 26 岁。入党时他曾发出誓言：“生为人民解放战斗，死为共产主义献身！”他用自己的生命践行了对党的誓言。

（三）三班为追歼部队架设人桥

范学福

讲述人：范学福，山东省栖霞县人。1924 年出生，时年 24 岁，任华东野战军第九纵队二十七师七十九团一营二连一排副排长。中华人民共和国成立后，转业任梁山县农机厂厂长、印刷厂党支部书记等职。

“十人桥”是潍县团——华野九纵二十七师七十九团一营二连一排三班在淮海战役中的一个英勇战斗故事。

济南战役胜利结束后，团党委为适应部队攻打城市敌人的需要，决定在二连中选拔12名优秀共产党员组成一个坚强班。该连政治指导员于守恒同志根据上级党委的指示，在支部大会上，向全体党员讲明组织这个班的重要意义，并号召大家积极参加。全体党员人人情绪高涨，个个斗志昂扬，无不争先恐后地报名。从此，一个坚强班在党的领导下诞生了。这个班擅长在战时为部队架桥和爆破围墙。

1948年11月6日，伟大的淮海战役开始了。三班的战士们和全团的战士一样，发扬共产党员的高尚品质，纷纷向党委和首长们表示了“我们在战斗中，保证轻伤不下火线，重伤不叫苦，完不成任务不回来”的战斗决心。

华野九纵“潍县团”二连三班在堰头架设人桥追歼国民党第六十三军

敌军黄百韬兵团，从新安镇向徐州方向狼狈逃窜。我军广大指战员在党的坚强领导下，在大反攻胜利形势的鼓舞下，精神焕发地追击敌人，当时我们纷纷提出了“要趁热打铁，坚决把敌人歼灭在江北，要做到三步并作两步走，活捉黄百韬，为人民立大功”的战斗口号。

我军奉命在徐州以东地区跟踪追击，经过百里急行军，在距离宿迁西北角十里地的地区，把敌军尾后的一个团截住，围在堰头镇。敌军凭借镇西一条三丈宽的大河和修筑好的鹿砦工事，企图阻挡我军的攻击。

我们二连到达该镇南边二里地的一个约 30 户人家的小村庄里，连长于全玉同志立即命令三班在两个小时内把架桥的器材和物资准备好，当时我们只找到四根杉杆、一扇门板和一些高粱秸，迅速地用绳子捆成桥身和浮桥腿。在夕阳西下的时候，我军开始发动攻击，敌军从中、左、右三面以猛烈的炮火疯狂地顽抗，企图把我军阻挡在河西。我军也用强大的炮火狠狠地向敌军轰击，把敌人前沿阵地打得像火海一样，照红了半个天空。这时，二连的战士们在我强大的火力掩护下，以猛虎下山之势，迅速通过二里地的开阔地，隐蔽在一个自然沟里，准备向敌人作猛烈的冲击。这时，天已黑了。

猛然间，惊天的爆炸声，炸得地也震动起来。这是爆破排的战士们英勇顽强地把敌人的鹿砦工事炸开了。二连连长立即命令三班迅速完成架桥任务。

带病参战的班长马选云同志，毫不犹豫地率领两个战士带着桥身跳下急流，迅速通过敌人的火力封锁线，浮到对岸，以敏捷的动作进行架桥。我注视着架上的桥身在河心摇摇晃晃地摆动着，心里想，这怎能让部队安全迅速地从桥上冲过去呢，再加一个桥身也不行。突然，听一个战士说，拿门板和桥腿的三个战士负了重伤。在这兵贵神速的情况下，派人去取门板和桥腿已来不及了，就是取来了，也无济于事：因为桥身太短啊！我和班长简短地商量了一下，便命令三个战士到突击排取来三个木梯，但归根到底，还是要用桥腿，不能让桥身摇摇晃晃呀！时间是多么珍贵，赢得时间就是胜利！在这紧急关头，为发扬革命英雄主义的气概，我有力地号召大家说："同志们，任何困难挡不住英雄汉，我们就是桥腿。""好呀！人，就是最好的桥腿！""我们下水当桥腿吧！"战士们意志冲天，一边响应我的号召，一边迅速地跳入急流。陆明才和一个战士在南头的两个木梯衔接处跪下抬着木梯；马班长和一个战士在中间用双手托着一个衔接处；我和宋协国战士在最深水位的地方用肩膀扛着一个衔接处；其余三名战士由副班长孙克磐带领着，在桥的两头，一面疏导突击部队迅速通过，一面轮流替换当桥腿。就这样，一座三丈多长的平稳牢固的十人桥架设成功了。一个战士在冰冷的急流中兴奋地向突击部队喊出雄壮的声音："同志们，我们已胜利完成架桥任务了，大胆地过吧，我们保险！"顿时，一营、二营的500余人，快速地通过人桥，冲向敌方。

在过桥的过程中，有的人滑倒在架桥同志的头上，他们就使劲地用头顶住，让战士们爬起来继续前进；有的人踩着他们的肩膀，他们就硬挺着腰让战士们安全通过，也有的人绊倒在急流中，他们就敏捷地将其拖救上来。

11月的寒流浸入架桥同志们的骨肉，冻得他们浑身打战，牙齿格格地响，桥身不住摇晃，渐渐地低沉下去，这时马班长大声喊道："同志们，咬紧牙，闭着嘴，挺起腰来坚决完成任务！"我也再次号召大家："同志们，人桥是通向胜利的关键，咬紧牙关，坚持到底，保证部队安全通过！"紧接着，有一个战士响亮地唱起"五不怕"的歌来："野战军战士什么都不怕，艰苦困难吓不倒咱……”大家也情绪高昂地随着唱起来，歌声刚落，冰冷的水面上又发出雄壮的口号：“打起精神来，坚决完成任务！”“打倒蒋介石，解放全中国！”就这样，我们相互鼓舞着，以坚强无比的战斗意志，胜利地完成了党赋予的光荣任务。

全营同志踏着这座十人桥，不到一个小时的时间就迅速地冲上对岸，配合兄弟部队当夜把敌人这个团消灭了。

战后在继续追歼黄百韬兵团的急行军中，指战员们纷纷地颂扬：“十人桥，是咱们通向胜利的桥！”

（四）团长和政委牺牲后

讲述人：朱敦法，江苏沛县人。1927年出生，1939年参加革命，1945年加入中国共产党，淮海战役时任中野一纵二旅侦察连连长，中华人民共和国成立后曾任中国人民解放军广州军区司令员、国防大学校长兼党委书记等职。

朱敦法

打涡河阻击战时，我们连阵地前面，敌人上来了起码有两个营，他们从哪个地方上我们就从哪个地方打回去。敌人发现我们连的火力比较强，就靠着炮兵的火力压制我们。我们坚持了一个多小时，敌人付出了百八十个人的伤亡代价后，过了河。晚上，副旅长要求我们连积极配合四团二营、三营向黄家和陈家的敌人反击，但此时敌人渡河部队已经增至两个团的兵力。四团团长晋士林亲自带着参谋和通信员，进村指挥战斗，但没发现前头敌人的工事已经挖好了，走到敌人一个机枪口的前面，不幸中弹牺牲。敌人仗着兵力雄厚，武器精良，想趁着突入部队立足未稳，将我们部队赶出去。团长牺牲了，全团发扬独立作战精神与敌人展开激烈的村落战。后来作战参谋翁介山同志进村后，主动担起了指挥责任。他指挥四团的两个营，和敌人反复争夺，打退了敌人的多次反冲击。拂晓前，占领了村子的北半部，并封锁了村里的主要路口，俘虏了400多人。敌人通过猛烈的炮火，才阻住了四团的进攻。

第二天天亮了以后，四团政委郑鲁同志一听说团长牺牲的消息，马上进村来指挥战斗。8点左右，敌人眼见对四团控制的院落屡攻不下，就用美制火焰喷射器向我方的草房茅屋喷火。安徽北部的农村都是些茅草房，房子一间间着起来了，四团的处境非常不利。这时候，郑鲁政委上来，对大家说：“大家要坚持，我们红十二团的底子从来没有打过孬仗，今天敌人比较强一点，我们可能是有些困难。我们困难敌人也困难，想尽一切办法坚持到底，为晋士林团长报仇。”这些话激起了同志们的士气，大家又和敌人展开了激战。战斗中，部队的伤亡越来越大，仍然英勇奋战。

郑　鲁

十一连的干部全部负伤，卫生员郭敏同志挺身而出，指挥全连打退了敌人的反扑。七连的战士范军所在班的同志全部牺牲了，他自己依靠着一截土墙，打死七个敌人。打到最后，四团的这两个营剩下不到两个连，一块组成一个大连突围。郑鲁政委亲自掩护部队撤退，途中不幸负了重伤，由于流血过多牺牲。我们部队牺牲太大了，团长和政委都牺牲了，但我们让敌人在这地方磨了一夜一天。这样就延长了中野主力的准备时间，最后黄维大军在双堆集附近地区被重重包围，全军覆没。

（五）留一颗子弹给自己

讲述人：何小林，广东海丰人。1927年出生，1945年参加革命，淮海战役时任华野两广纵队一团二营六连副指导员。中华人民共和国成立后曾任中国人民解放军桂林陆军学院副院长。

何小林

国民党军对芦村寨发动波浪式进攻，一波接一波地往上冲，我们机炮连的炮弹全部打完了，机枪、重机枪子弹也都打完了，步枪没有几发子弹了，伤兵运不出去，战壕都被烈士的鲜血染红了，走几步就会踩上烈士的身体。我们连一个排长叫林双，带着30多人守在一个坟堆旁，周边的树都被打光了，国民党军要经过这个坟堆才能进到芦村寨里。

敌人上来一批，他们就打退一批，最后这个排只剩下五个人。林双排长是参加过莱芜战役后过来的。他腹部中弹后，拿着手榴弹往前冲了几十米，才倒下牺牲。阵地得而复失、失而复得好几次。我驳壳枪里还剩两发子弹，准备敌人冲上来打一颗，打死一个够本，另一发子弹到最后时刻就对着自己的胸膛打，没想要活命。就是抱着这个信念，誓死不退一步，与阵地共存亡。看到那么多战士流血牺牲，我没有掉眼泪，越打越眼红。后来我们把阵地交给华野九纵退到芦村寨后面休息。战斗前有三个排，九十多个人，我指挥唱歌，队伍长长的，歌声很嘹亮，经过三天两夜战斗以后，只剩二十几个，队伍短短的。我一看啊，就偷偷地找个地方掉眼泪，哭了，那个时候才真的哭了。

（六）战斗前的血书

讲述人：许克杰，山西榆次人。1928 年出生，1940 年参加革命，1945 年加入中国共产党，淮海战役时任中野六纵侦察参谋。中华人民共和国成立后曾任中国人民解放军第十二军副军长。

11 月 19 号，我们纵队进行营以上干部动员，就是淮海大决战的动员。动员会由王近山、杜义德主持。首先传达党中央、中央军委的作战方针，而后传达邓政委（邓小平）的讲话。

邓政委说：“淮海决战关系重大，这是关系到中国前途和命运的大问题，我们中野坚决要参加这一决战，要不惜一切代价，破釜沉舟，和国民党十二兵团决一死战。”邓政委说：“参加这一决战，就是把我们中野打光了，也是值得的。只要解放军各路大军还在，我们一定要胜利。这一次你们参战，要彻底把黄维兵团吃掉，只能胜不能败。”他这一动员就是要和黄维决一死战了，干部、战士的情绪都特别高，

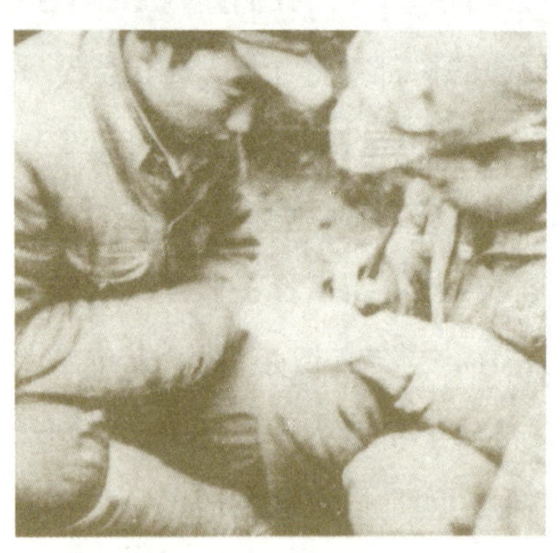

战士们在写保证书

早盼着这一天了。邓政委这一讲话给我们增添了无穷的力量、坚强的信念。传达完邓政委讲话以后，王近山司令说："我们六纵就是打得只剩下一人一枪，也要战斗到底。"

动员以后，大家群情激昂，求战情绪特别高，旅长、团长都向上级表了决心，立了军令状。旅里面、团里面一直到连里面一层一层都进行了动员，写了保证书，好多战士还写了血书。后来就告诉大家不要写血书了，表了决心就行，写血书手容易感染，感染了影响战斗。那个时候大家都是破釜沉舟，都是为了淮海战役的胜利准备作贡献。当时的情景，真像一把将要出鞘的利剑，刺向敌人的胸膛。

（七）最后一次党费

讲述人：邵淦溪，山东新汶人。1929 年出生，1945 年参加革命，1946 年加入中国共产党，淮海战役时任华野七纵二十一师六十三团组织干事。中华人民共和国成立后曾任中国人民解放军空军后勤学院政治委员。

战前动员时，大家都下了决心，立了誓言：不怕困难，不怕艰苦。动员后大家就在自己的棉衣上写上名字、部队、哪个地方的人，这样牺牲后，只要翻开棉衣一看就能知道这些信息，可见大家都做了牺牲的准备。在尖谷堆打黄维兵团的时候，我和其他三个人被派去负责掩埋烈士遗体。那时候部队连排干部牺牲最多，部队为了保存一部分干部，有意识地抽调了一部分保存下来，不让他们参加战斗。这样做是为了战斗以后这些人回去，立即能把部队组织起来。当时我和一个通信员、一个副指导员被抽出来没参加战斗，负责掩埋烈士遗体。有一回，也就两三个小时的时间，抬过来了93具遗体。仗打得太激烈了。我们也不知道自己具体在什么地方，只知道是老百姓的一片空地。我们三个人一晚上就在那挖坑，挖好后，用布把尸体包裹好。开始的时候用白布，当时没有水，只能简单地给烈士擦擦身体，再用白布包裹起来。我们给每个人立个木牌子。之前战士们都在棉衣里写上了，哪个部队，哪里人，打开就能看到。那天我们吃饭的时候手上都是血，炊事员送来包子，也没有水洗手，就带着血抓着包子吃，反正都是自己同志的鲜血，也不畏惧。那时候部队发的津贴很少，有的是几毛钱，有的是几块钱。我们打开烈士的棉衣，看到他们夹在口袋里的钱和纸条，有的上面写着："这是我交的最后一次党费。"有的希望我们把这些钱寄给他们的父母。纸条也是红的，被鲜血染红的。黄维兵团被全部歼灭后，战斗结束了，我们按照他们的遗愿，不管家在哪里，能找到的都给送到。

二、征人一别无觅处

晋士林

（一）晋士林致妻子书

晋士林，山东省聊城人。1913年出生，1937年入伍，同年加入中国共产党。牺牲时任中野一纵二旅四团团长。

建普同志：

记得在宝丰县我开会议时曾经给你捎去一封信，那是七月底八月初（旧历七月初三的夜里）。转眼又是旧历八月初，目前中原路西已是仲秋天气。夜间盖夹被已感到有点冷。华北当比中原更好些，这里虽然两季已基本上算是过去，但天气仍旧不是秋高气爽。

我们八月十五到纵队来查党。由纵队里查到团。花费了二十三天的时间，后天结束。我个人思想上主要的毛病是主观片面。个人英雄主义。你每次来信都指出我对人的态度不好，这次会上指出很尖锐。查过之后我的精神很愉快。我自从入党以来，从来没有经过这种帮助与教育。估计会后的工作及精神会比以前好转。至少犯了错误及毛病自己回头更快些。

上次你来信说后方留守处也曾实行三查，你个人收获如何？请你来信告诉我，我们现在住（驻）地往华北去信只用两个礼拜即到。因洛阳早已确实控制于解放军之手。最近你的身体如何？学习进步如何？读什么书？是否每天都读报纸？你学习有什么收获？是否已到学校去，有机会可以去。咱们见面还得一二年。小平好吗？听卫生部孙部长说小平和他的小孩子很团结，经常在一起玩。很活泼，看见戏后要上台去看，又叫（听）医生说他春天曾见你，身体好，小平自己也会走很远，有人领着能走一里路，谁抱她都行。也学会不好的习惯——骂人。望你千万注意对她的教育。

这时即开始向好的方面诱导。教她学念数目字。别学骂人。

你这两次来信都没有捎像（相）片来，后方经济很困难吗？咱们新婚后在湖西口大庄的照片我还保存着，可惜已经退（褪）了色。今年秋天和夏天你又发瘧（疟）子没有？从今年春末到现在我没有得什么病，自己很注意生活有规律，及适时运动。身上气力日见增加。

部队自南下后转占（战）中原，工作能暇，多回忆往事及联系目前，常胡写打油诗，今将没有写完的一首寄给你（因中原及战争尚未结束）：

千里南下大别山，
战地鸳鸯望眼穿，
华北已觉欢聚少，
何堪两地音问难。
雪夜阻击太平砦，
老郑捎书谈鸿雁，
上言卿卿想（相）思意，
下言平儿悦膝前，
寂寞心海情波起，
采药为愈谈和缓。
冬渡淮河又北上，
转占（战）中原多半年。
华野北线下卞洛，
刘邓鄂西下襄樊。
重点防御成画饼，
河南形将成内线。
睢杞会师战果赫，
南北交辉战沙南。
俩月休整伏牛岭，
秋高马肥再备战。
……

彭縶同志由络（洛）未来信，千嘱你代为问候竹娥同志。因为他过去几信都未见回音。再，此留守处的老同志请代为问候，梅、赵首长皆代问健康。

附上照片一张，这是我最近在开会期间，在我们院里一棵桂林树旁照的，因光线及技术问题都不好，故不十分清楚。

再谈吧，亲爱的建普妹妹，握你的手。

你的士林

写于叶县城北十二里之水牛杜

1948 年 9 月 6 日夜 10 时

（二）我的战友郭奎武烈士

讲述人：迟浩田，山东招远人。1929 年出生，1945 年参加革命，1946 年加入中国共产党，淮海战役时任华野九纵二十五师七十三团三营七连政治指导员。中华人民共和国成立后曾任中央军事委员会副主席、国务委员兼国防部长等职。

为了赢得胜利，我们连付出了惨重的代价。连日来大家都是饿着肚子打仗，40 多岁的炊事班长李振军，找到一匹打死的马，砍下 4 条马腿用麻袋包着扛了回来，想张罗着为战士们包包子吃，可喊来喊去没人响应。一问才知道，我们连 120 人伤亡得只剩下 30 多人。李班长难过得趴在地上号啕大哭。饭做好了，大家却默默地埋着头不肯吃，沉浸在失去战友的悲痛之中。

这时，我又想起在攻击窦庄时和教导员郭奎武的一段谈话。那天是 12 月 7 日，我们团与第七十四团合力攻击窦庄。守卫窦庄的国民党军是一个步兵团加一个山炮营，还有大批坦克，火力强劲，抵抗异常凶顽，而且地形平阔，不利攻击。我们团曾一度突入村内，但在敌人强力反击下，立足未稳，只得返回，就地迫近作业。国民党军在猛烈炮火的支援下，出动大批坦克和步兵反击。这场搏杀异常激烈残酷。我们有十多个连以上干部牺牲，第三营的伤亡也十分严重，营长王玉芝和副政治教导员负伤，副营长的腿被打断，在阵地前沿的营领导就剩下了政治教导员郭奎武一人。

在战斗的间隙，郭奎武来到七连，他关切地问了连里的情况后问我："小迟，你这儿有吃的吗？我的肚子可饿坏了！"郭奎武是模范共产党员，是我在抗大学习时的指导员，原任团的保卫股长。这年他刚满 28 岁，不久前才谈了对象，女的是师医疗队一个漂亮的护士，我到医疗队为伤口换药时，曾几次替郭奎武给她送过信。

我掏出身上揣的饼子，递给郭教导员。他一掰两半儿，自己吃一半，另一半又还给了我。这是支前老百姓用高粱面做的，因为天冷，饼子硬邦邦的像块石头，咬一口一道白茬儿，费很大劲儿才能咽下去。我们两人蹲在壕沟里，边吃力地嚼着饼子，边聊了起来。教导员说："在抗大毕业的学员中，你是进步最快的，现在已经当上连级干部。你要继续努力，为咱七十三团争光。"

面对敌我相持的严峻形势，看着受伤的队友，我们的心情都很沉重。郭奎武说："浩田啊，这仗打好了，很了不起；如果打不好，我们都要见马克思。咱俩定个协定吧，如果我死了，你往我家带个信；如果你死了，我给你家报个信。你还年轻，咱俩中如果要死一个，算我的。"

在战场上，每个人都会想到死，但是作为革命军人，谁也不怕死。

我们俩身上只带着党证，把平常记事的小本本都烧掉了，做好了牺牲的准备。这时能和战友说说心里话，觉得轻松些。我对教导员说：“国民党兵没什么了不起，不要想那么多！”郭奎武淡淡一笑：“你不要轻看他们，前面的敌人比我们多好几倍，而且我们的后路也断了。”

这时，对峙的双方在战壕里互相叫阵对骂，并用冷枪对射。八连有一个班被敌人火力压制，撤也撤不出来，进也进不去，处境很危险。郭教导员十分着急地说：“小迟，你们掩护好，我到前面去看看。”说罢，弓着腰沿着壕沟向前面跑去。

为了把国民党兵的嚣张气焰压下去，教导员在前沿一边指挥还击，一边组织部队对国民党兵喊话。有个国民党兵在壕沟里扯着破锣般的嗓子叫喊：“共军弟兄们，我们是新五军，快投降吧，我们的坦克马上就要开过来了。”这一下激怒了郭教导员，他火冒三丈，头探出壕沟，跳起来对着敌人大骂：“你们这些国民党的龟儿子、王八蛋，美帝国主义的走狗，你们算什么东西？老子是百战百胜的解放军，什么时候投降过？你们赶快投降吧！”国民党兵“嗖”地一梭子弹打过来，击中了郭奎武的左胸。他当即倒在血泊中。我和几个战士匍匐着把他拖进战壕时，他已经停止了呼吸。我拼命喊：“教导员，教导员……”他刚才还活生生地和我说话，现在却永远闭上了眼睛，我怎么也不能接受这个现实。我命令全连一齐开火，把对面壕沟里露头咋呼的几个国民党兵撂倒了。

解放后，每当我去瞻仰烈士墓地时，总会想起郭教导员和我谈话的情景，想起那些与我一起战斗，在我身边倒下的战友。

（三）留下烈士姓名

陈惠彤

讲述人：陈惠彤，江苏涟水人。1929年出生，1946年参加革命，1950年加入中国共产党，淮海战役时任华野二纵六师十七团后勤处政工队员。中华人民共和国成立后曾任中国人民解放军太原警备区副政治委员。

1949年1月初，在淮海战役最后围歼杜聿明集团的作战中，我所在的部队华野二纵六师于1月7日集中优势兵力和全部炮火，采取包围迂回战术，实施东西夹击，向王庄发起猛攻，经40分钟激战，全歼守敌九十六师二八八团。当时我在师民运队。淮海战役发起后，民运队部分人去动员民工，一部分去慰问伤员，李彬、章如根和我，负责掩埋烈士的遗体。我们的任务：一是登记烈士姓名，二是登记和保管烈士遗物，三是掩埋烈士遗体。王庄战斗发起前，我们和民工一道，挖好了一排排墓穴，每个墓穴约2米长、60公分左右宽。

那是一个风雪寒夜，我们提着马灯，守在堑壕里，不时地望着北面，北面一片火海，战斗打得好激烈啊！我们心情紧张又亢奋。直到后半夜，一副担架从卫生队那儿抬过来了，我们赶紧迎过去，小心地把烈士抬下来，解开棉衣，棉衣上写着：十六团二连副班长徐培智，山东诸城人，21岁，1947年入伍。我立即在本子上记下来，然后又翻了翻口袋，什么遗物也没有。我们用事先准备好的一丈二尺白布将烈士遗体包裹起来，抬到墓穴里，三人向烈士三鞠躬。因为此时此刻，只有我们代表他的亲人、战友向遗体作最后的告别了，之后我们填上土，堆成坟墓，写好木牌立在墓前。接着，好多担架抬了过来，我们只能分头进行了，我提着马灯，来到一位烈士身边，动手解衣，怎么也解不开，便用右手使劲拉衣服，想不到我左上臂突然被“噗”地打了下，我心里一激灵，手一颤，马灯掉在了地上。李彬赶紧过来，问：“怎么啦？”

“他打了我一下。”我掩盖不住惊恐的心情。

李彬提着马灯再仔细一看，原来烈士胸前中了很多子弹，流血过多，天寒地冻，鲜血把衣服和肉体粘连在一起了，我拉他时用力过猛，把他整个身子翻过来了。李彬说：“这位烈士肯定是机枪手，你看他个子这么大，眼睛圆睁，右手扣着扳机。”

我慢慢解开他的衣服，果真是十六团三营机枪连的，是位排长，叫戴连松，江苏泗阳宿县朱湖区人，24 岁，1942 年入伍，1945 年入党。

埋好戴连松烈士后，李彬对我说：“你不用怕，牺牲的烈士跟病死、老死的不一样，他们是英雄好汉，牺牲时都有一番壮举，他们脸上没有惧色，他们视死如归，是含笑而去的。”

一批批烈士抬下来了，在埋葬过程中，我看到他们牺牲前种种战斗姿势：有的张着大嘴，似乎在高呼“冲啊”；有的双臂前伸，像在举枪射击；有的像在和敌人扭打搏斗；有的像拿着炸药包向敌堡冲去；有的像拿着集束手榴弹冲向敌阵……

这时，从担架上抬下来一个人，穿着蒋军军服，帽子上还有蒋军帽徽。难道是敌尸被错抬来了？我赶紧叫李彬、章如根，一块查找他的全身，除了口袋里有几个肉包子，别的什么也没有。怎么办呢？难道是真的抬错了吗？我们又查找一遍，才在他的左上衣口袋里找出一张纸条，写着：

十六团六连解放战士李，广东人。看来这是牺牲后，有人给他写的。我们商量了一下，只好将他的名字写成：李广东。

为这位烈士，我们心里一直不安。战斗结束后，我们用电话查询，也没结果。四年后，我和章如根一个任保卫股长，一个任宣传股长，我们共同的心愿是把李广东烈士的姓名、履历查清楚。于是，我们去访问当时的指导员。他告诉我们，战斗发起前不久，李广东从包围圈里跑出来，文书登记名字时，怎么也听不懂他的话，叫他自己写，他歪歪扭扭写了个李字，然后直摇头，未等弄清楚，战斗就打起来了。突击排冲到鹿砦边，由于地形极端不利，遭到正面、侧面几挺机枪和手榴弹猛烈封锁，情况相当危急，就在这个时候，李广东奋勇端起机枪，在毫无隐蔽的阵地上，猛烈地向敌人扫射，压倒了正面的敌人，保证了突击队的顺利进攻，他却光荣地牺牲了。指导员给他的肉包子，也没来得及吃完。

后来，我们在团史上记载下了李广东的事迹。

还有一位烈士叫朱长林，安徽霍邱人，21 岁。当我接近他时，发现他嘴里还微微吐着气。我赶紧跑到卫生队把罗树来军医请了来。那时，凡是从前方抬下来的，首先要经过救护所，重伤的经过包扎后送往后方，轻伤的包扎后重返前线。牺牲的经过营、团救护所检查后送到师卫生队，经卫生队检查后才抬到我们掩埋组来。罗军医到来后又检查了一遍，摇摇头说："在卫生队已抢救多时，确实无能为力了。"说着，他的眼睛湿润了。尽管罗军医这么肯定，我们仍不放心，把他抬到一边，盖上大衣，直到天亮后，看到他停止呼吸，才把他埋葬了。

掩埋了烈士后，正准备离开，又有几名战士抬来三名烈士的遗体，他们是英雄八连的炊事员。我立即登记了他们的姓名：郭栋臣，35 岁，山东惠民人，1947 年 3 月入伍，同年 12 月入党。高利胜，28 岁，山东胶南环海人，1947 年 6 月入伍，1948 年 10 月入党。左保明，29 岁，山东诸城城北人，1948 年 10 月入伍，同年 10 月入党。三个人多次在堑壕里用大衣遮住火光炸油条。王庄战斗的前一天晚上又在堑壕里给大家炸油条，油条炸好后，自己都没来得及吃，就冒着敌人密集的炮火和机枪扫射，送到了战士面前。大家吃了油条，劲头更足了，奋勇冲锋，全歼了守敌。战斗结束后，大家向炊事班致谢时，没想到三位同志被敌机丢下的一串迫击炮弹击中，全部牺牲了。

战斗结束后，我将这一仗牺牲的 69 名烈士的姓名、年龄、家庭地址、遗物，造册书写工整上报。回想起来，当时烈士名册上，遗物一栏中，几乎都是空白，有的也只是旱烟袋、烟叶、鞋垫等，极个别的贴身口袋里珍藏着姑娘送的小绣花荷包。

淮海战役胜利结束后，我们部队开赴山东休整。临行前，民运队郭文范队长又带领我们到各个墓地看了看，把木牌扶正，向烈士们告别。路上看到敌尸横七竖八躺在野地里，郭队长说："抛尸荒野，任凭狼撕狗咬，不符合我们的道德观念。"于是我们动手挖了好多大坑，每个坑里都埋了几十具敌尸，埋好后，我在木牌上写着"炮灰之墓"，郭队长连声说不好不好，我改写成"蒋军官兵之墓"。

我常常在想，烈士们奋斗一生，牺牲的时候，是他们一生中最精彩的篇章。想到这里，我也觉得当年做的留下烈士姓名的工作是很有意义的。烈士们的姓名永远留在我的心中。

（四）一把土圆父母团聚梦

在淮海战役烈士纪念塔围廊内的烈士名录墙上，整整齐齐地镌刻着 3 万多有记载的淮海战役烈士英名，一个个平凡而又崇高的名字背后，是峥嵘岁月里的血与泪，是将生死置之度外的大义凛然，更是烈士家人对亲人无尽的怀念与追思。如今，硝烟散去，烈士后人的寻亲之路却从未停息。

2013 年 5 月 9 日，一大早，一对年逾花甲的夫妇到纪念馆查找马士智烈士的信息。其中一位老人名叫马玉峰，山东海阳县人，69 岁，马士智是其父亲。当老人在纪念馆网站上得知马士智烈士的信息后，连夜和老伴坐火车赶到徐州。一路颠簸，加之身体虚弱，两位老人略显疲倦。稍事休息后，老人拿出父亲的烈士证明书，双手颤抖，眼泪夺眶而出。老人说："当在网上得知父亲的详细情况后，激动万分，就像第一次见到了父亲。"

老人的父母于 1943 年结婚，1945 年父亲参军。听其姥姥说，他当时已经会走路，是母亲领着他送走了父亲，没想到，那一送，便是永别。1951 年，母亲接到父亲阵亡的通知，从此一病不起。此后，母亲、爷爷、奶奶相继去世，孤苦的他和姥姥相依为命。母亲临终前求助姥姥带他"找他爹回家"的嘱托成为马玉峰老人 60 多年来的心愿。童年时代的他就开始和姥姥一起到处打听父亲的消息，一直没有结果。23 岁时，姥姥离开人世，马玉峰寻找父亲的愿望更加强烈，以致患上了严重的神经衰弱。但无论在什么环境下，老人相信一定会"见"到父亲，绝不给亲人和自己留下遗憾和罪过。

马玉峰老人在纪念塔烈士英名录墙前对父亲名字鞠躬

马玉峰夫妇参观了纪念馆，瞻仰了烈士纪念塔。面对巍巍高塔，老人为父亲，也为中国革命事业牺牲的英雄们深鞠三躬。在淮海战役烈士英名录墙前，马玉峰老人再也按捺不住内心的激动和悲伤，身体微微颤动，右手不停地在父亲的名字上抚摸，双眼噙满了泪水，久久沉默。这是亲人相聚的一幕，但这一幕如此凄凉，整整迟到了 65 年。老人后来给我说，那一刻在他生命中留下了不可磨灭的记忆，是他一生中最有意义、最幸福的一刻。

（五）让我的坟墓向着南方

66 天的淮海战役中，3 万多烈士血洒疆场。不是每个名字都为我们熟悉，不是每个牺牲都惊天动地，但每个名字背后，都有一个生离死别的故事。20 世纪 90 年代末，一位烈士的家人找到了淮海战役纪念馆工作人员贾萍，她是烈士马凤坤的妹妹。她告诉贾萍，几十年来，她一直在做一件事——寻找哥哥的牺牲地，那是她母亲的遗愿。1947 年，她的母亲动员哥哥参了军，那年，哥哥不到 20 岁。哥哥走后，一直杳无音讯。母亲经常在村口眺望，直到 1948 年 12 月，哥哥牺牲的消息传来，母亲一夜白头。一年后，母亲的眼睛哭瞎了。临死之前，母亲留下两个遗愿：要让她的坟墓向着南方，儿子牺牲的方向；要她找到哥哥的墓，每年替她看上一眼。可是，除了烈士的名字、年龄和部别外，马凤坤烈士的妹妹对哥哥的情况所知甚少。此后一段时间，贾萍埋头在浩繁的文献资料中，查找马凤坤的线索，然而，对一名普通的战士来说，历史的记载并不比亲人的记忆更翔实。数十卷的烈士资料中，关于那位 21 岁的小伙子的记载只有寥寥 30 个字：

马凤坤，山东海阳县人，1947年入伍，华野十三纵一一二团炮兵，淮海战役中牺牲，贫农。

在军战史中，贾萍意外发现了一段关于一一二团的记录，那是她能找到的最接近马凤坤的记录。

“1948年，在对黄百韬兵团的贺台子战斗中，一一二团为主攻，一一二团二营向西北角攻击。五连攻至村东北遭敌火力严密封锁，伤亡很重，不能前进，六连由五连左侧继续攻击，因道路选择不当，仅向前攻击十多米即遭敌火力封锁，伤亡很大，前进受阻。四连由六连左侧攻击，支援五、六连作战，因敌居高临下，被阻于开阔地，不能前进。”

这是一段罕见的记载，“伤亡很大，前进受阻”的字样跃然纸上，沉默的文字传达出惊心动魄的史实：生命在激烈的战斗中消逝，死亡与胜利如影随形。

贾萍似乎看到了马凤坤的身影，掩护、攻击、撤退、隐蔽……或许他就是在这次战斗中牺牲的，但一切只能是或许。马凤坤长眠在了淮海大地，这是贾萍能做出的唯一结论。

贾萍没能帮助那位烈士的家人完成心愿，但这件事对她的影响极深。不仅因为她知道了一个烈士母亲的故事，更重要的是，从那以后，对她来说，镌刻在塔上的烈士名字不再是冰冷的文字符号，而是代表着一个个血肉丰盈的人。

（六）第一次喊出“爸爸”

孟学军，是一位烈士遗属。她的一生都在追随烈士的英雄精神。她的一生仿佛也都在寻找，这个寻找是她母亲临终遗愿，也是她今生最大的心愿。

在孟学军老人的泪光中，时光仿佛又回到1946年2月，孟学军的父亲孟宪河在淄博市高青县木李镇孟家村应征入伍。孟宪河离家参军时已经31岁，早就娶妻生子。孟宪河离家后，妻子才发现自己怀孕了，1946年11月，孟学军出生了。两年之后，1948年12月，孟宪河在参加淮海战役时牺牲。

孟学军从来没有见过自己的父亲，从来没有叫一声“爸爸”。38岁裹着小脚的母亲，只身一人将她们三兄妹养大成人。

“大辫子甩三甩，甩到湄河岸，娘啊，娘啊，队伍又得开，妮啊，你别哭，哭了留不住，八路行军不带媳妇。”

每年清明节临近，孟学军儿时母亲常唱的这首歌谣又在70岁的孟学军老人脑中回荡着，母亲临终时留下的“寻找父亲遗骨，落叶归根”的遗言让她无法释怀，继续寻找父亲遗骨的愿望再次燃起。

就这样，2016年的清明节，《鲁中晨报》记者陪着孟学军老人再赴徐州。在这之前，老人已经三下徐州，虽然没有找到父亲的遗骨埋葬地，但是在淮塔管理局的帮助下，终于在淮塔上刻下了烈士父亲的名字。

孟学军老人看到父亲名字，失声痛哭

缅怀，找寻。清明节当天下午到达徐州，记者搀扶着老人，自迈进淮塔的第一步，孟学军老人的手就开始紧紧地攥着拳头，声音已经哽咽。当与侄子敬上花圈时，老人再也无法控制悲痛的情绪，失声大哭起来。

而最动容的是，在淮塔英名录上，找到了孟宪河烈士的英名后，身材矮小的孟学军老人很吃力地去抚摸父亲的名字，突然，她大声叫了一声“爸爸”，接着就伏在英名录石碑上痛哭起来。“爸爸，爸爸，我来看你了！”一声声呼唤，一声声倾诉，过往行人无不驻足为其感动落泪。

缅怀对话过后，找寻，才是最终的心愿目的。

我们来到淮海战役烈士纪念塔管理局文保处，很幸运的是清明节假期的时间，他们也都在上班，而且工作人员看到我们从山东远道而来，非常积极帮着查证资料。文保处的魏天梅老师刚从外地采访收集资料回到办公室，没有顾上休息，就帮着我们查证、电话咨询，根据当年烈士孟宪河所在的部队，根据烈士牺牲的时间，她推测出烈士牺牲的战场所在地：安徽省淮北市濉溪县鲁楼村。而在这场伤亡惨重的战役中牺牲的一部分烈士，都埋葬在了淮海战役河南陈官庄地区歼灭战烈士陵园。于是，在徐州淮塔管理局的协助联系下，老人马上启程赶赴河南陈官庄烈士陵园纪念馆查找，然而遗憾无果。

原来，在陈官庄烈士陵园安葬了2000多名烈士，有名有姓却与遗骨对不上号的有1691名烈士。据统计，淮海战役第三阶段有7291名烈士牺牲，有烈士证件却找不到烈士遗骨的情况很多。

从淮海战役陈官庄地区歼灭战纪念馆离开后，孟学军老人奔赴鲁楼阻击战的战场地鲁楼村王引河畔，这里就是曾经的战壕。悠悠河水似乎在无声诉说着过往岁月故事。孟学军老人在河边捧一抔黄土，一声声呼唤，一声声倾诉，仿佛这条无声的河流都在静静聆听。

淮塔下，老人面对着烈士纪念碑久久仰望，她的心愿终于圆了。

三、人民支援打胜仗

（一）高全忠舍身护粮车

高全忠

高全忠，江苏省宿迁县徐庄村人，中共党员，曾任村农救会长、乡长等职，牺牲时是江苏省宿迁县运输团中队队长。高全忠在解放战争中，热烈响应党的号召，积极组织群众做军鞋、加工军粮、站岗放哨、慰问伤员、支援解放军作战。淮海战役时，他率领民工 400 余名、小车 350 辆，在风雨交加、道路泥泞的艰苦情况下，克服重重困难，日夜兼程为前线部队运送军粮。当行至宿县以北古饶集时，突然遭到国民党军飞机袭击。为了不使粮车遭到损失，他不顾个人安危，冒着飞机轮番轰炸扫射，沉着指挥民工分散隐蔽，不幸负伤，一度昏迷。当苏醒过来发现仍有少数粮车未隐蔽好时，他忍着疼痛继续指挥民工隐蔽，粮车隐蔽好了，高全忠也流尽了最后一滴血。牺牲时年仅 26 岁。

（二）小竹竿和他的主人

唐和恩

小竹竿的主人叫唐和恩，是山东省莱阳县陶漳区人。他个头不高，红通通的脸庞，直挺挺的腰板，是一个勤劳、忠厚的庄稼人。

土改后，分得了土地，过上了舒坦的日子。1948 年 9 月，区里提出让他们村上出三个民工去支前。唐和恩第一个报名。

村干部说："去年你刚支援过南麻战役，这回就甭去了吧。"唐和恩生气地说："咋啦，支前还论回数。"他找到本村一位最好的车把式说："老姜啊！咱过上了好日子，可不能忘了还有没解放的弟兄在受苦受难哩！"老姜到底是有觉悟的人，马上答应和他一起去支前。他们就这样，推起小车，再次告别家乡，走进了浩浩荡荡的支前行列。

秋高气爽，合家团聚的中秋节就要来临了。唐和恩却带着他的小分队，背井离乡，披星戴月，日夜兼程，奔跑在运输线上。唐和恩是小队长，他的小车上比别人多了一样东西，那就是一根小竹竿。这是为了走夜路时探路用的。也就是从那时候起，他把自己所走过的省、市、县、村、镇的名字，一个个地都刻在了这根小竹竿上。一次他们从小岗出发，朝着界牌行进。正走着走着，有一条河横在前头，桥被敌机炸毁，问老乡哪里还有桥，老乡说，走出二十里路才有桥。来回就是四十里。多走四十里路算啥，可时间就耽误了。上级要他们晚饭后就要渡过河去。看看天色，绕道过河是来不及啦。他把情况向小分队的同志们一说，大伙一致表示：干脆蹚水过河。

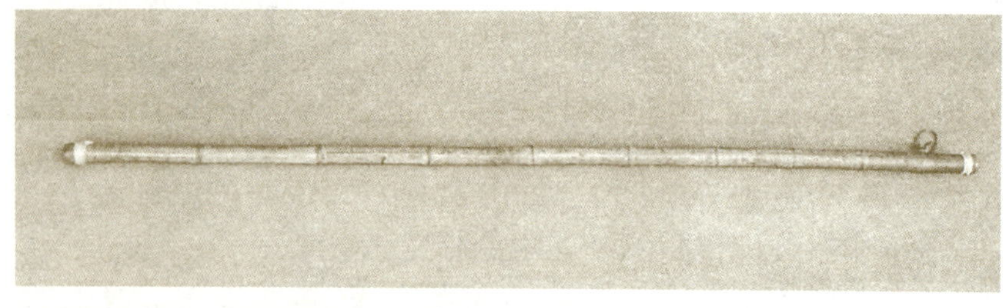

小竹竿成为支前民工支前历程的生动见证

这时西北风嗖嗖的，满天飘着小雪花。河面上结了一层冰。唐和恩壮了壮胆，对队友们说:“下！”他和老姜先脱了衣服，将衣裳往车上一搁，把粮车扛到了肩膀上，扑通一声下了河。冰凌碴子像小刀一样直往肉里割，寒风一吹冷到心窝窝，身不由己地直打哆嗦。他咬着牙，挺着胸一步一步往前走。接着，小队的同志们，也都一个个脱了衣服，抬起粮车，扑通扑通下了河。他回头一看，嗬！冰河上像冒出了一座车桥，多壮观啊！再看看队友们，个个冻得嘴青脸紫，可没听一个叫苦的，都瞪着眼，挺着胸，使着劲往前面走……他们刚刚走上岸，还没来得及穿衣服，敌人的飞机嗡嗡地过来啦。“快散开！”他大喝一声，大伙光着身子分头往四下跑，有的往地沟里一滚。飞机不见人，就到远处去转圈，他们趁空推起车子就往前跑。不一会儿，飞机又嗡嗡地飞来啦，他们跑得更带劲。很快跑到小柏树林里躲了起来。天色转黑啦，飞机找不到人也飞远啦。他们才喘口气一看，大伙冻得全身青紫。赶快穿上衣服，推起车子又赶路。走到黄口的时候，下半晌就下起了雨。他们身上的雨布、小包袱皮，都解下来盖在粮袋上，再不行，就把衣服脱下来，或拾老乡丢的草苫子盖上。他们个个淋得像落汤鸡，车上的粮食却一点不湿。到了店集，夜里下起了雪。又是雨，又是雪，乡下的泥土路，泥多，路滑，车子一动一条大深沟，真比加上千斤粮还重。

唐和恩大声喊：“同志们，使劲地拉呀，用力地推呀！使出全身的力气往前走啊……”快到村头的时候，他和老姜的那辆车，一下陷进了泥坑里，推也推不动，拉也拉不动，用上吃奶的力气猛力往上拉，只听“咔”的一声，绳子断啦，他一头栽进了泥坑里。老姜一看慌了手脚，大喊：“咱小队长栽到坑里去了！”大伙急忙跑来，把他从泥坑里拉出来。他满头满脸都是泥，变成了一个泥猴猴。车子是推不动啦，干脆把粮车扛到肩上，像过河那样踩着泥泞往前走。到了村上，有个队员指着他的前胸大喊："哎呀，小队长，你身上怎么这么多血啊！"这一说，他才觉得嘴里火辣辣的痛，用舌头一舔，才知道少了一颗门牙。队友叫他休息。他说："不要紧，前方的战士身上都穿了窟窿还照常冲锋，磕掉颗门牙有啥了不起，走，赶路！"他们又推起车子上路了。在他的小竹竿上，刻下3个省88个地名，往返6000多里路。

他们小分队回来的最后一站是山东兖州，在那里进行总结、评比、发奖。他们小分队被评为英雄运输队。他被评为特等支前功臣，其他队员有4个一等功、7个二等功、5个三等功、4个四等功，人人立功受奖。

（三）支前民工的"三件宝"：狗皮、蓑衣、葫芦瓢

狗皮、蓑衣、葫芦瓢，看到这三样东西，大家不禁会问，它们有什么特别之处呢？它们之间有联系吗？除了能猜到蓑衣挡雨，葫芦瓢喝水，其他真的很难想象。可就是这些普通的用品在淮海战役中却发挥了巨大作用，被民工称为"三件宝"。

淮海战役时，民工支援前线的条件十分艰苦。很多支前民工济南战役时就开始随军转战，离家数月，缺衣少穿。冬天来到了，很多人却没能换上棉裤，鞋子磨烂了，有的人也没能得到及时补充。那时，能有块狗皮是很不错的事，披在身上可以遮风挡雨，盖在身上可以抵御严寒。来自

民工三件宝——狗皮、蓑衣、葫芦瓢

山东省费县梁邱马踢河子村担架团五营的连指导员王奎行就有着一块这样的狗皮。可这块狗皮，却常常不在王奎行的身上。

抬送伤员时，每次遇到伤势严重的伤员，王奎行都会拿出这块狗皮，铺在担架上，给伤员取暖。他知道，重伤员特别是流血过多的伤员最怕冷，而他自己却衣着单薄。每次看到冻得直打颤的王奎行，伤员们都会眼含热泪。王奎行对伤员的关心热爱，不仅伤员看在眼里，队友们更是记在心里。一天，王奎行父亲病故的消息传来，领导让他回家看看，可王奎行擦了擦眼泪说："我是一个共产党员，我决心一定打垮敌人，打不垮敌人决不回家，我应把我悲痛的心情，变成杀敌支前的决心。"此后，他一边暗自抹泪，一边坚持带领大家完成了支前任务。王奎行后来被评为一等功臣。纪念馆里陈列的那块狗皮，正是这位一等功臣捐献的。

蓑衣是老百姓用一种不容易腐烂的蓑衣草编织的、用来遮雨的雨具，也就是雨衣。1948 年秋天，河南鄢陵县 58 岁的马中灿，穿着这样一件雨衣来到了淮海前线，抬送伤员。转运伤员途中，他总是想方设法减少伤员痛苦，还常常给队员们讲解放军为老百姓战斗的道理，要大家一心一意照顾伤员。他常说，遇到重伤员一定要走得慢一点，一定要做到轻放轻起；遇到下雨天，一定要拿蓑衣或衣物盖在伤员身上。淮海战役纪念馆展出的蓑衣，就是当年马中灿给伤员盖过的那件，那位伤员看到马中灿浑身湿透，感动地说："你比我爹娘还亲，我一辈子也忘不了你，伤好以后要给你们去信。"马中灿后来荣立了一等功。

葫芦瓢是用葫芦干壳锯成两半做成的"大勺子"，是民间常用的一种舀水工具。淮海战役时，葫芦瓢几乎每家每户都有，用它舀水吃饭特别方便，用它盛水还能起到净化水的作用。可是，谁能想到，支前担架员抬送伤员时，这些作用一样也没发挥出来，担架队员总是把葫芦瓢另作他用。有些伤员受伤严重，疼痛难耐，无法自己支撑着大小便，为了减轻伤员的痛苦，担架队员们就把自己吃饭喝水的葫芦瓢用在了给伤员接大小便上。一位叫刘同吉的民工，曾用葫芦瓢给伤员接过十余次大小便。据不完全统计，90% 以上的民工都曾用葫芦瓢给伤员接过大小便。

把抵御风寒的狗皮垫在伤员身下，将遮风挡雨的蓑衣盖在伤员身上，用吃饭喝水的葫芦瓢给伤员接大小便，这展示了支前民工怎样的高尚品质和与人民军队之间怎样的鱼水深情啊。或许，正是这些让普通得不能再普通的物品变得高贵无比吧。

（四）拄着木棍抬伤员

淮海战役纪念馆支前厅陈列着一根普通的木棍。木棍长 1.3 米，表面粗糙，呈灰褐色。它的主人就是在淮海战役中获得“钢铁担架队员”称号的朱正章。当年，朱正章拄着这根木棍往返八趟运送伤员，完成了转运任务，被华东支前委员会评为特等支前功臣。

朱正章是山东莒南人，参加淮海战役支前时 44 岁。他从小受尽地主的剥削，10 岁开始给地主干活，当了 16 年雇工。生活的艰辛磨炼了他坚韧不拔的意志。解放军来到家乡后，他终于获得了解放。1943 年，朱正章加入中国共产党，淮海战役时，这位有着五年党龄的老党员参加了莒南县担架队，被选为二营三连三排的班长。

朱正章

淮海战役打响后，朱正章跟随部队担负抬送伤员的任务。

执行任务时，他发现自己的左腿上长

了一个疮。刚开始的时候只是红通通的一小块，有点疼和痒。随着天气越来越冷，加上不停地奔波，冻疮被裤子磨来磨去的，慢慢地越来越大，后来有碗口那么大，脚胀疼痛。可他没有告诉领导和队员，仍坚持抬送伤员。一路上，到处是泥泞的山路、深深的雪地和冰冷的河流，但朱正章从没停下脚步，他总是说："解放军在前方英勇奋战，为咱流血牺牲，咱抬抬担架流点汗又算什么！"后来，冻疮变得越来越严重，移动起来都很费力。他仍没有退缩，咬着牙，用布扎紧冻疮，找了一根木棍，拄着木棍坚持抬担架。队员们注意到朱正章总是拄着木棍，知道他的腿受了伤，劝他不要再抬了，他却说："共产党对咱的好处那么大，土改后分了地盖上了新房子，娶上了媳妇，弟弟又在队伍里，自己怎么能不积极呢？"

伤口疼痛难忍，朱正章却从不叫苦叫疼。疼急了的时候，他就拄着木棍走来走去。队员们问他走路干啥，他总轻描淡写地说脚有点疼。由于得不到治疗和休息，冻疮到了化脓流血的地步。领导知道后，坚持要他去治疗，他才到医疗所去包扎了一下。领导要减轻他的任务，他却说："冻疮虽然严重，但比起伤员的伤口，那就没什么了。"每次任务他都坚持完成，有一次还和大家一起完成了连续六个昼夜的转送任务。

即便伤口疼痛，朱正章心里想的仍然是伤员。抬伤员时他总是小心翼翼，过河过沟，生怕颠坏了伤员；路不好走，他就背着伤员走；伤员要大小便，他不是背着出去解，就是用小瓢接大小便；他发的钱舍不得花，节省下来给伤员买糖和鸡蛋吃；伤员要喝水，他总是到村子里找热的稀饭、米粥给他喝，并给伤员讲，医生不是说过吗？刚受伤不能喝冷水，喝了对伤口不好。看到朱正章拄着木棍一瘸一拐忙碌个不停的样子，伤员们都很感动，纷纷表示要"在战场上多打胜仗、多抓俘虏来报答他"。

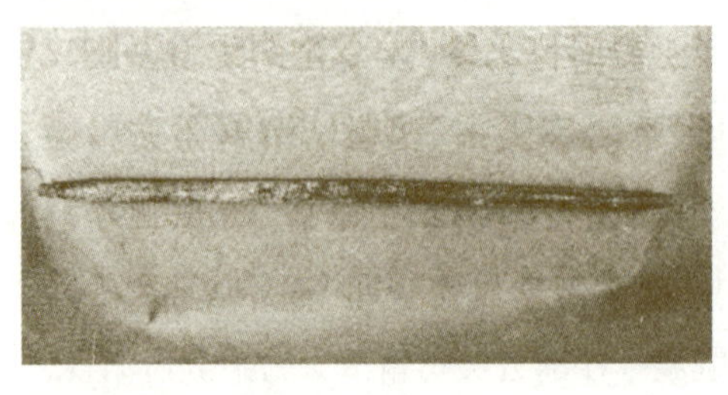
朱正章使用过的木棍

就这样，朱正章拄着木棍，拖着溃烂的左腿，出色地完成了转送任务。他先后八次抬送伤员，行程约六百里。庆功会上，首长亲自给这位荣获特等功的支前民工戴上了光荣花。那一刻，他傻傻地笑着，说："共产党、毛主席领导咱翻了身，他们为咱流血牺牲，咱抬抬担架，照顾一下伤员要再干不好，那就不对头了。"

（五）率部完成艰巨任务的分队长王从先

王从先

王从先，山东招远人。中共党员，招北担架队十二分队队长，获得华东支前英雄奖章和特等功臣荣誉称号，他领导的担架十二分队荣获华东支前委员会"火线之光"奖旗。

1948 年，王从先带领招北担架十二分队随军南征，支援淮海战役。腊月里，北风呼号，担架十二分队在王从先的率领下，在风雨交加、伸手不见五指的夜里前进。炊事员老王受过伤，身体孱弱，还背着一口大锅，一小时的行军中，滑倒了七八次。王从先发觉后，把锅从老王手里夺下来，背在自己身上，而他身上已经有帮别人背的 15 公斤东西了。到高桥时，炊事员考清才找了三四户人家，才找到做饭的锅。看到这种情形，王从先及时教育队员，要爱护群众，教育群众，提高群众，并带领队员帮助群众干活、扫街、扫院子、担水，还提出在劳动中不干哑巴活的口号，教育队员要边干边宣传党的政策，开展“民爱民”活动。通过活动，密切了民工与当地群众的关系，关门的把门打开了，藏东西的也把东西拿出来了，困难也解决了。

太平庄战斗中，部队被壕沟阻挡，难以前进。情况紧急，急需木杆、门板架桥。王从先接受了运送 80 条木杆、40 副门板的任务。战斗打得极其猛烈，在接近火线约一里时，整个战场火海一般，子弹嗖嗖地飞。王从先大喊着：“同志们！战士都不怕流血，难道我们怕死吗？桥架不起来，流血的战士会更多，跟我来！”在他的带动下，队员们背着门板、木杆，穿梭在枪林弹雨中，及时将材料运到前线，架好了木桥。

完成任务后，王从先又带领担架队继续急速前进，抢运伤员。一条十几丈宽的大河横在面前，河水冰冷刺骨，三架飞机在低空来回盘旋，封锁着河面。战斗就在不远的南岸，无法架桥，队员们急得团团转。这时，王从先发现了一条小木船，无桨也无帆。怎么办？此时，前面的枪炮声响得更急了，王从先大喊：“同志们，前面一定会有受伤的战士，跟我来。”随即脱下衣服跳入河水，他指挥队员们上了船，自己则和其他人一起一次又一次把队员推到河对岸。河水中，他的腿似刀割针扎一般，但他毫不在意，一直坚持到最后一批，低头看时，腿上结了一层冰。队员们感动地说：“这样勇敢的队长，找不到，保证他走到哪里我们跟到哪里。”

1949 年 1 月，最后的总攻即将打响。王从先接到一封信，写道：“同志们！今天晚上执行决战，战士都立大志，不怕牺牲流血，就怕你们支援不上去。”王从先向队员们宣传了信的内容，带领大家发誓：“战士打到哪里，我们支援到哪里，战场上有咱一个伤员，都不下火线，哪怕是战士的一只脚，也要把它找回来。”他把队员的决心，向团部王政委作了汇报。王政委来信说：“你们能支援上，红旗一定在你们队里飘。”这封信鼓舞了队员们，更鼓舞了王从先。想到晚上的决战，伤员会增多，想到队里只有 25 副担架，他就发动大家想办法做担架。他们到邻村借来轿杆、木头和工具，又发动队员把自己的腰带和捆行李的绳子解下来，攀成了 20 副新担架。在他带动下，队员们还把自己的被子铺在担架上。担架做好了，王从先和队员们摩拳擦掌，等待出发的命令。晚上 8 点，总攻开始了，战斗越打越激烈，战场被炮火织成了一个火网。王从先率领队员从火线抢运伤员。当发现我突击队向突破口冲去，他毫不犹豫地带着二小队、三小队随战士们一起冲了进去，一面命令队员抢救伤员，一面指挥队员参加战斗。当发现王政委被炮弹炸伤了腿时，他冒着猛烈炮火和队员抬着王政委转移，还把自己的棉衣脱下来，盖在王政委身上，不到一个小时，就赶到了医院。

王政委躺在担架上，听到奔驰的脚步声，一阵凉风掠过，王政委感动地说：“我当了十多年兵，受过几次伤，躺在这样好的担架上，还是第一次呢。”

（六）妻送郎君上战场

纪念馆里陈列着一面奖旗，红色的丝绸面上绣着“夫妻俩立功”五个大字。奖旗是胶东福山县政府赠送给冯家庄青年妇女谭贵英的。1948 年秋天，谭贵英主动劝丈夫参军。在她的带动下，全村又有 27 名青年报名参军。为了表彰谭贵英的贡献，县政府赠送给了她这面奖旗。

尽管对奖旗主人的事迹所知甚少，奖旗上的字迹也略显模糊，但就那红红的旗面却似乎在向人们讲述着无数个“谭贵英”动员亲人参军的故事，展示着当年解放区人民父送子、妻送郎、兄弟争相上战场的火热情景。

“夫妻俩立功”锦旗

山东莒南县就有一个父送子参军的故事。有位农民叫郑信，1948 年秋天，全乡干部召开扩大武装的大会时，他在会上表示：“要想保住好日子，就要连根打倒国民党反动派，现在胜利已经到了这样了，我的小孩也不小了，我一定动员儿子培荣参加咱的队伍！”这一天，郑信和儿子一起铡牛草，顺便和儿子聊了起来。他说：“上年这时咱叫国民党逼得跑到外边还没回来，现在国民党眼看就要完蛋啦！听说咱的军队连着拿下了很多的大城市，消灭了这么多国民党部队，可是要快些胜利，咱的队伍还得再扩大才行……”儿子说：“我看还得参参军才行。”郑信说：“对，参军打国民党反动派既光荣，个人进步也快。是的，我想起来了，你整天想学习，在家也没个空学，我看你约大蓝去参军吧？”郑培荣看了爸爸一眼说：“只要你同意，人家不去我也去。”但他也有担心：“我去参军别的我不惦挂，就是你年纪这么大了，俺两兄弟还小，大姐参加工作了，就怕生产要成问题！”郑信说：“家庭你别挂念，我虽然 59 岁了，干活小青年还不赶我，还有你二姐，也很能干，你两兄弟虽小，也能干些活了。”就这样，郑信动员自己的儿子参了军。

沂源县还有一个兄弟争着去当兵的故事。有位叫刘秉乾的老大爷，有四个儿子。二儿子刘树铎是共产党员，也是支前模范。淮海战役时，村里召开了动员参军的大会。刘树铎当时就说：“我家弟兄四个，我保证去。”可他的话没说完，他四兄弟刘树厚就接着说：“二哥去那还行吗？参军得我去！”刘树铎说：“我去。”刘树厚说：“我去，你不能去……”兄弟二人争执不休。最后刘树铎说：“咱们别争了，让大家讨论下，同意谁去，谁就去吧！”结果参加会议的120多人有100多人认为刘树厚年轻力壮，他去参军比较合适，这样才使兄弟二人之争平静下来。刘秉乾大爷听说刘树厚要去参军，急忙赶到会场，说：“我来送子参军！”他说：“我送子参军是有道理的，我66岁的人了，国民党害了我，共产党救了我，还能忘了恩吗？”

在江苏东南县，还有这样一个动人的参军故事。23岁的钱秀清是一位妇女主任，和她从小订婚的恋人是21岁的蒋锦斋。两人住得很近，碰头的机会很多，可是碰面时，不是她脸一红，就是他脸一红，都不好意思说话。为了动员参军，区里召开农代会，两人都是代表，在会上碰到了。钱秀清想：“没有解放军，哪有今天翻身当妇联主任，这次参军要动员心上人去。”但是两人平时很腼腆，不太说话。于是，她想了想，就请指导员写了一封信给蒋锦斋。信上写道：“现在形势很好，我们青年再出一把劲，胜利就会很快到来，希望你这次光荣去参军，解放全中国，那时太太平平我们再结婚，接信后抽空谈谈。”信写好了，她在自己名字下面盖了个指印。然后又请指导员捎话给蒋锦斋：“我们虽从小订的婚，但意志相同，两人都是共产党员，我劝他去参军有三个保证：第一，我绝没有两条心；第二，我保证积极工作进步；第三，他家当我自己家一样来照顾。”蒋锦斋接到信后，想到被“还乡团”打得半死的情景，觉得应该去参军，但又舍不得离开钱秀清。他一遍又一遍地看了信，觉得信上的话说得很对，就写了一封回信：“来信收到，我带头参军已准备好。

不过爹娘要拖尾巴，希望你帮助我打通，希望你在乡里做好全乡优属工作，等全国胜利回来再团圆。”

这样的故事不胜枚举。有了解放区人民的踊跃参军，解放军的队伍越打越壮大。据不完全统计，从 1948 年 10 月至 1949 年 3 月，仅山东解放区就有 16.8 万名青壮年参军。

（七）随军支前 4 个月

讲述人：张永昌，山东潍坊人。1927 年出生，支前民工。

济南战役胜利的消息传来后不久，上级党组织又号召我们参加支前民工队，任务是抬担架抢运伤员。大概为了保密，只说到陇海线的任务，时间上也不太确定，长则半年，短则两三个月，民工需自带过冬的被服。当时我们村属淮安县孙孟区。这个区是 1945 年夏天，八路军打垮盘踞在诸城、安丘、高密、五莲多年的汉奸张步云后，在现在安丘的东南部，以景芝镇为中心建立的，县政府设在景芝，下辖 398 个村。这里是主要的粮食产区，物产丰富。解放战争爆发以后，受还乡团破坏较轻，群众基础较好，支前热情很高。

张永昌

1948 年农历九月十三日，我们村的 21 个支前民工在村子里集合，一起到孙孟区开会。

这些人都是成分好、身强力壮的青壮年。五个人一个班，其中四个人抬担架，另一个人挑全班的行李、给养。散会后马上出发，到景芝后，由县委、县政府主要领导带队，当天即赶到景芝西南的沙浯村宿营。第一天连集合加上开会，只算半天，第二天开始正常，赶到诸城境内宿营。一般情况下，每天走九十到一百二十里。在老解放区，白天赶路，晚上休息，大约到郯城，改为晚上行军，白天休息，天一亮就宿营、做饭。下午提前吃饭，天一黑就赶路。由专人带路，遇到岔路口用白灰线或石头做好标记，队伍过后，有专人把标记清除干净，主要为了保密。虽然解放了，但天上有飞机侦察，地上有零星特务活动。晚上行军，不准说话、不准抽烟、不能亮灯，全是摸黑走。带队的干部一个劲低声喊跟上，以免掉队。不准抽烟、不能亮灯是防备国民党的飞机侦察，以免暴露目标。我们见过为解放军运送物资的汽车，为防备飞机，只亮个车灯，跑一二里路，停下来，司机下车听一听有没有飞机声再走。

过陇海路的时候，碰到了照明弹。后来听说因前面的民工用火暴露了目标，被飞机发现了。我们倒没有受到损失，只是虚惊一场。有一次，司务长去驻地附近买菜，正遇上敌机轰炸。他有经验，趴在一个草垛后面一动不动，直到飞机飞走了才绕了一个大圈跑回来，据他说，只要有飞机来轰炸，肯定有特务在地面上指示目标，所以没有原路返回。

带队的干部与民工同吃同住，一到宿营地安顿下来就用群众的锅灶自己做饭。每人用自带的水瓢吃小米做的干饭，从家里带来的咸盐炒黄豆或辣椒下饭。一段时间，供应困难，只能吃高粱米磨面做的红饼子。那东西不好消化，吃不惯，而且从粮站领来以后还要自己磨面，白天不能好好休息影响到了晚上的行动。

干部也吃这东西，感受都一样，民工的意见反映上去以后，带队的县领导专门召开民工大会听取民工意见。不久就改成供应小米了。民工都有菜金，隔十天半月发一次，大家凑在一起让司务长买些菜来改善生活。

遇到地方上犒军，还吃过几次饺子。民工严格执行群众纪律，公买公卖，一点都不损害群众的利益。

赶到新解放区，有一件事感触最深。

宿营的村子里一个青壮男人也找不到，全是妇女、孩子和老人。向房东一打听才知道，大部分被国民党拉壮丁抓走了，真不知道往后那些孤儿寡母的日子该怎么过！当地生活条件、饮食习惯与山东也不一样，睡床或是打地铺，喜欢吃辣椒，还喜欢吃一种用胡萝卜做的稀饭。

我们县担架队接的是三线任务，把伤员从二线往后方医院转移。第一次接任务是在过了运河铁桥，到碾庄附近。一般情况下，都是由熟悉当地情况的一线担架队员两人一组把伤员从火线上抢下来，最多走一里，送到二线，二线队员接上后，向后方送五到八里，转给三线。转移时，伤员都非常坚强，只要没有伤到腿，不妨碍行动，一般不在担架上躺着，而是和民工一边走一边谈些家常。都是农村人，谈得来。最叫人伤心的是，有的时候接上一名重伤员还没有送到后方医院，在半道上就牺牲了。一般一天接送一两次伤员。

担架队顶风冒雪、日夜兼程转送伤员

随着战事发展，我们见过不少俘虏过来的国民党兵，吃的比解放军都要好。愿意回家的，当场发给路费和路条；愿意参加解放军，大力欢迎，一点都不歧视他们。其实他们大部分都是被抓去的或是受国民党宣传蒙骗的老百姓。

我们随部队一直到了安徽境内。1948 年腊月二十左右，基本没有任务了，从腊月二十四开始往回赶，大年初一忘记在哪过的，反正没有吃上饺子，直到正月初四才供应上白面，吃了顿水饺。正月十一左右回到家。这次任务历时四个月，全靠步行，我们村二十一个人中，刘全芳因为劳累过度，回家不久就大病一场，没过几年就去世了。

参考资料

1. 淮海战役纪念馆编：《淮海战役史料汇编支前卷》，国家图书馆出版社 2013 年版。

2. 蒋越峰主编：《淮海战役纪念馆故事》，南京出版社 2014 年版。

3. 中共徐州市委组织部、淮海战役烈士纪念塔管理局编：《我是共产党员：淮海战役亲历者口述专辑》，中共党史出版社 2016 年版。

4. 中共徐州市委组织部、淮海战役烈士纪念塔管理局编：《力量的源泉：淮海战役时期群众工作文献专辑》，中共党史出版社 2016 年版。

5. 中共徐州市委组织部、淮海战役烈士纪念塔管理局编：《永远的丰碑：淮海战役烈士专辑》，中共党史出版社 2016 年版。

6. 中国人民政治协商会议江苏省徐州市委员会文史资料委员会编：《淮海战役故事集：中国人民解放战争中的奇迹》（内部资料）1991 年。

7. 谢廷有、王开云：《从淮海战役的胜利看党密切联系群众的优良作风》，《淮海战役新论——纪念淮海战役暨徐州解放 50 周年学术讨论会论文集》（内部资料）1998 年 9 月。

8. 鞠开：《关于淮海战役几个问题的回顾——纪念淮海战役胜利 60 周年》，《铁流——纪念淮海、渡江战役胜利六十周年》（内部资料）2008 年 10 月。

9. 傅继俊：《淮海丰碑——纪念淮海战役胜利 50 周年》，《江苏地方志》

1999 年第 2 期。

10. 姜铁军：《淮海战役的简要经过、基本特点及历史意义》,《铁流——纪念淮海、渡江战役胜利六十周年》(内部资料) 2008 年 10 月。

11. 范政 :《淮海战役胜利原因探析》,《探索》1999 年第 2 期。

12. 熊铮彦 :《将军“斗胆直陈”与中央民主决策》,《军事历史》2007 年第 4 期。

13. 回良玉 :《在淮北市纪念淮海战役胜利五十周年大会上的讲话(摘要)》,《党史纵览》1998 年第 12 期。

后 记

为了贯彻落实习近平总书记关于要用好用活江苏丰富的党史资源的重要讲话精神，配合在全党开展的“不忘初心、牢记使命”主题教育，进一步深化对江苏四种革命精神的研究，强化对江苏四种革命精神的宣传与传承，为建设“强富美高”新江苏提供强大的精神动力，江苏省档案馆和中共江苏省委党史工作办公室联合编撰了《初心永恒——江苏四种革命精神简明读本》一书。

本书在吸收借鉴已有研究成果的基础上，进一步深化了对江苏四种革命精神内涵的研究。在阐述中，抓住历史发展与精神孕育的内在联系，紧扣时代发展与精神传承的突出主题，揭示精神内涵与初心使命的逻辑关系，用历史和现实结合的方式展现了四种革命精神的永恒价值。延伸阅读部分是四种革命精神的有益补充，是提炼革命精神内涵的素材支撑，是广大读者感受领悟不同革命时期的共产党人坚持与践行“为中国人民谋幸福，为中华民族谋复兴”的初心使命的生动教材。

省档案馆、省委党史工办高度重视本书的编撰工作，两单位领导认真审读读本大纲，指定省档案馆利用部和省委党史工办征研一处具体负责编撰工作。省档案馆周云峰承担周恩来精神初稿撰写，省委党史工办聂红琴和朱梅燕承担雨花英烈精神初稿撰写，省委党史工办张俊梅和陈旺承担新四军铁军精神初稿撰写，省档案馆朱芳芳承担淮海战役精神初稿撰写，省档案馆薛春刚撰写引言并统筹谋划本书出版工作。

雨花台烈士纪念馆馆长向媛华、淮安师范学院王家云教授、南京陆军指挥学院王伟教授、淮海战役纪念馆贾萍处长分别对四种革命精神文稿进行了审读。盐城市委党史办、淮安市委党史办、徐州市档案馆等单位对本书编写给予大力支持。淮安市委党史办刘波和盐城市委党史办王义云分别为本书的周恩来精神和新四军铁军精神的编写提供了丰富的素材。

在编写过程中，还参考、吸纳了各方面的编研成果，使用了科研、档案、图书馆等单位出版的相关资料以及个人的研究成果，书中图片主要由省档案馆、周恩来纪念馆、雨花台烈士纪念馆、盐城新四军纪念馆、淮海战役纪念馆等提供，由于篇幅有限和体例所限，未能一一标注，在此特别加以说明并致以诚挚的感谢！

因水平有限，编撰过程中难免有不当之处，恳请广大读者和专家批评指正。

编　者

2019 年 2 月